The Rise of
China's Stock Market

证券兴起

我与中国资本市场

张 宁 著

中国出版集团 东方出版中心

图书在版编目（CIP）数据

证券兴起：我与中国资本市场 / 张宁著. 一上海：
东方出版中心, 2020.12
　ISBN 978-7-5473-1743-3

　Ⅰ.①证… Ⅱ.①张… Ⅲ.①证券市场–研究–中国
Ⅳ.①F832.51

中国版本图书馆CIP数据核字（2020）第248022号

证券兴起：我与中国资本市场

著　　者　张　宁
策　　划　刘佩英
责任编辑　徐建梅
封面设计　钟　颖

出版发行　东方出版中心
地　　址　上海市仙霞路345号
邮政编码　200336
电　　话　021-62417400
印刷者　山东韵杰文化科技有限公司

开　　本　890mm×1240mm　1/32
印　　张　10.625
插　　页　10
字　　数　175千字
版　　次　2020年12月第1版
印　　次　2020年12月第1次印刷
定　　价　68.00元

目　录

C o n t e n t s

今年是上海证券交易所成立30周年，欣闻张宁同志所著的《证券兴起：我与中国资本市场》在中国出版集团东方出版中心出版，作为曾经和她一起在证券监管战线上工作的同事，我感到十分高兴。

中国的资本市场是改革开放的产物，风风雨雨走过30年，往事回首，那点点滴滴，确实非常值得记录和总结。20世纪90年代初，在改革开放总设计师邓小平同志的倡导和推动下，1990年11月成立上海证券交易所，1991年4月成立深圳证券交易所。以沪深交易所的成立为标志，我国资本市场走过的30年不平凡历程，是伴随着改革开放和社会主义市场经济建设的伟大历史进程，也是我国资本市场从无到有、从小到大，快速发展成为全球重要资本市场的伟大历史进程。

2019年10月，中共十九届四中全会审议通过的《中共中央关于坚持和完善中国特色社会主义制度、推进国家治理体系和治理能力现代化若干重大问题的决定》指出，要"加强资本市场基础制度建设，健全具有高度适应性、竞争力、普惠性的现代金融体系，有效防范化解金融风险"，将资本市场在国家治理体系中的地位和作用上升到了一个新高度，为资本市场改革发展指出了努力方向，提供了根本遵循。

张宁同志长期在金融监管第一线工作，有着十分丰富的金融专业知识和监管实践经验。她干一行，爱一行；爱一行，精一行，集监管者和金融专家于一身。她在兼任上海仲裁委员会委员时，就被上海市市长称为专家。她在兼任两届上海政协常委及经济委员会副主任时，提出了设立上海金融法院等优秀提案。在中国证监会系统内的一把手中，张宁同志是名副其实的佼佼者。

上海证券市场是中国资本市场重要的枢纽和平台，是国家金融基础的重要组成部分，在中国资本市场的发展和改革中始终扮演着先行者的角色，创造了中国资本市场的多个第一：上海证券交易所是中华人民共和国成立以来第一家证券交易所，中国第一股飞乐音响，发行第一只人民币特种股票电真空B股，宝安公司收购延中实业开启了中国上市公司的收购兼并历程，等等。张宁同志从最早在人民银行上海市分行金融行政管理处分管证券市场，到后来在上海市证券管理办公室、中国证监会上海监管局、上海证券交易所担任领导职务，始终积极参与资本市场建设，见证了资本市场的巨大变化，亲身经历和直接参与了资本市场重要的历史事件。她是亲历者、探索者，也是贡献者。在我国资本市场设立早期，张宁同志直接参与了上海证券交易所的筹建，主笔了中华人民共和国成立以来首部规制证券市场的地方政府规章——《上海市证券交易管理办法》，具体牵头上海发行股票认购证，建议在上海率先采用无限量发售认购证摇号中签方式，解决了限量发行认购证可能产生的严重的供求矛盾。为了推动市场，张宁同志不遗余力，协助企业解决碰到的各种新情况、新问题，成功推动了以上海机场、上港集团、东方明珠、浦发银行为代表的一批体量大、质量优、前景好的公司上市，形成了一批典型案例。

我在证监会工作的那些年，张宁同志是上海证监局的一把手，我们在工作中有很多交集，她给我的印象是果敢、执着、敢于担当，工作有思路、有方法，勇于创新，在证监会年度考核中连续六年都是优秀，还获得了证监会授予的"优秀一把手"称号，她创新的多项监管举措和实践在证监会内部交流并推广。围绕提高监管有效性的目标，她探索完善了"关注热点、明确重点、盯住疑点、破解难点、消除盲点"的"五点式"监管方法。在监管工作中她特别能抓重点，敢于正视辖区资本市场发展中存在的风险和问题，不回避矛盾，如在监管中发现多个某系金融机构存在转移资本金问题，她就约见某系实际控制人谈话，明确监管要求，及时有效地实施了监管，对其他公司起到了警示和威慑作用。股权分置改革时，上海情况比较复杂，有国企、有民企、有发行H股或B股的企业、有含外资股的、有含代持股份遗留问题的……各种特殊情况，难度很大，她创造了多种股改模式和案例，创新监管方式方法，形成了"一手牵上市公司，一手牵证券经营机构"的"牵两手"有效做法，带领上海证监局在较短的时间里基本完成了上海本地136家企业的股改工作，这样的成绩非常了不起，得到了中国证监会的高度认可，并代表上海证监局作股权分置改革工作的交流发言。在监管执法工作中她始终坚持从保护投资者合法权益出发，"一手牵日常监管部门，一手牵稽查部门"，严查内幕交易和"老鼠仓"等侵害投资者合法权益的行为，如证监会开出的"老鼠仓"处罚第一单，上投摩根的唐建案就是上海稽查局调查完成的。金融危机爆发后，针对基金公司境外资产管理业务风险凸显的情况，她亲自参与华安基金涉及雷曼兄弟破产的相关风险处置，专门到会里请示汇报，提出了走法律诉讼的建议，会里支持了她的建议，最终圆满妥善地处置了风险，实践了金融风险处置新模式的探索。

回望30年的发展历程，在党中央、国务院的领导下，中国资本市场在探索中前进，在改革中创新，取得了长足的发展。如今的资本市场，作为金融供给侧改革中重要的组成部分，在国家治理体系中作用凸显，多层次资本市场改革风劲帆扬，2020年3月1日起施行的《证券法》进一步完善了证券市场的基础制度，优化了资本市场法治体系，资本市场开放的广度和深度不断提升。资本市场发展到今天，离不开众多像张宁同志这样的开拓者和守护者，张宁同志以她在资本市场的亲身经历，讲述了资本市场发展的曲折过程，也让我们看到了一名优秀的金融从业者和监管者不忘初心，无畏无惧，坚守底线，视市场如生命，精心呵护，大胆创新的优秀品质和良好形象。

真诚祝愿我国资本市场不断健康发展，为我国实体经济发展和"一带一路"建设发挥更大的作用。

十三届全国政协常委、经济委员会主任

中国证监会原主席

原中国银监会主席

尚福林

2020 年 3 月

　　我国著名金融专家张宁同志所著的《证券兴起：我与中国资本市场》在上海证券交易所成立30周年之际出版，我表示热烈祝贺。

　　2019年2月，习近平总书记在主持中共中央政治局第十三次集体学习时发表重要讲话，从宏观视角，以科学的方法分析了中国当前金融产业的形势、机遇和挑战，对进一步加强金融供给侧结构性改革、提升金融系统的稳定性、深化金融行业改革等方面作出重要部署。习近平总书记明确指出："金融活，经济活；金融稳，经济稳。经济兴，金融兴；经济强，金融强。"只有注重完善金融服务，防范金融风险，才能促进金融产业又好又快发展，才能保障金融服务于实体经济，服务于中国社会的发展和广大人民群众的生活需求，才能实现金融与经济相辅相成、共生共荣的活力机制。

　　每每谈及中国的金融市场，自然会想起上海这个国际金融中心。每次到上海调研都能有新的启迪和收获。每当想到上海的金融业和金融市场，我脑海中又时常会浮现出长期在资本市场第一线从事监管工作并具有法治思维的专家——张宁的名字。早在1990年，张宁同志受命主笔了《上海市证券交易管理办法》，这是中华人民共和国成立以来首部规制证券市场的地方政府规章，立法技术和条文逻辑，堪称一流，为我国首部《证券法》的制定积累了宝贵的实践经验。全国人大常委会法制工作委员会每次到上海听取《公司法》和《证券法》的立法咨询意见，张宁同志都亲力亲为，把上海的有效做法和有益探索全盘托出。可以说，她是我发现和认知上海金融市场及其法治建设的同行者，是我探求以法规制金融发展的支持者。

20世纪90年代，中国的金融市场刚刚起步，许多领域尚处于模糊、空白的阶段。当时我和其他同志常常来到上海这片金融改革开放的试验田调查研究，接触广大金融战线的工作者们，希望了解到行业发展过程中需要规范的要点、难点、堵点和痛点。1985年就在《复旦学报（社会科学版）》上建言成立上海证券交易所的张宁同志先后在中国人民银行上海市分行金融行政管理处、上海市证券管理办公室、中国证券监督管理委员会上海监管局和上海证券交易所等多个金融重要岗位上担任领导职务，还连续担任两届上海政协常委和经济委员会副主任。张宁同志凭借丰富的实务经验和明晰的条理逻辑为我们立法者提供了鲜活的市场案例和具有前瞻性的建言。比如，在《证券法》制定讨论过程中，存在着是将该法规制的证券种类定义细化罗列还是采取笼统的方式概括的争论。张宁同志从一位监管者的角度出发向我建议，认为法律应当采取细化规定加兜底条款的做法，明确有关部门的管理范围；又比如，在2010年时，张宁同志首次提出在上海建立金融法院的提议。在我们相识的二十多年时间里，张宁同志始终保持着对金融市场潜在问题的敏锐嗅觉，坚持以法治思维勤奋探究，贡献着经过深思熟虑后的思想果实。

作为中国最大的城市和金融中心，上海的金融市场在潮流涌动中能够保持总体健康发展，与监管者一丝不苟的工作是分不开的。张宁同志在工作期间，积极推进华安基金与雷曼兄弟QDII资产纠纷案处置，妥善处置某系金融机构抽逃资金及富友证券托管国债被挪用等一批金融市场案件，有效化解了金融市场风险，维护了广大中小投资者的合法权益，真正坚守了以金融服务人民群众的根本宗旨。

在金融市场的发展历程中，一手法治，一手扶持，两者不可偏废。在上海机场、上港集团等IPO上市，东方明珠首次募集设立实现文化企业上市，上海电气集团以合理价格国际收购等金融市场经典案例的背后，都离不开张宁同志的努力和心血。在市场主体面临发展困境、举步维艰时，是张宁同志带领同事主动服务，为市场主体提供富有成效的专业指导，扶持市场主体学习、接纳新时代金融业务，培育、提升上海金融市场的深度和广度。

时光荏苒，岁月如梭。如今上海乃至全国的金融市场已是日新月异，正在全球范围内扮演着越来越重要的角色。上海

2020年基本实现与人民币国际地位和我国综合经济实力相适应的国际金融中心是党中央的重大决策。如何发展金融市场、用好金融市场为国家治理体系和治理能力服务、为"一带一路"和构建人类命运共同体的伟大事业服务；同时，如何防范和化解金融风险，如何在金融市场敢于斗争和善于斗争，保护投资者，都需要一代又一代金融市场的立法者、监管者、服务者和从业者思考。张宁同志已经用行动向我们展示，一名成功的为国效力的金融从业者、监管者应当在风起云涌中有决心，锐意进取；在风云变幻时有初心，坚守底线；在资本诱惑中有恒心，坚守对法治的敬畏；在人生旅途中有信心，始终保持对专业和事业的执着和热爱。

寥寥数语，是为序。

十三届全国人大常务委员会委员、副秘书长
全国人大宪法和法律委员会主任委员
李　飞
2020 年 6 月

　　时光飞逝，大浪淘沙。回首往昔，1990年上海证券交易所开始挂牌交易；再看今朝，迎来了2020年中国资本市场30周年华诞。中国金融发展的浪潮随着改革开放的进程涌动，作为一名中国资本市场改革开放、蓬勃发展的参与者、亲历者，能在此时以个人的人生视角回顾与上海证券市场相随相伴、共同成长发展的顺逆沉浮，我深感荣幸和欣慰。

　　我与证券市场的不解之缘，起源于1982年在复旦大学读书时，受陈观烈教授金融课程的理论启蒙。有感于当时国内证券市场建设的空白，受工商银行上海信托公司静安分部黄贵显、胡瑞荃两位前辈代理公开发行飞乐音响股票探索实践的影响，看到了未来中国证券市场发展的空间，促使我萌发了进一步学习探究和钻研证券专业知识的想法。并于1985年初在《复旦学报（社会科学版）》刊发了与他人合作的《我国现阶段建立证券交易所问题初探》。

　　自此开始，我走上了一条与我国证券市场发展紧密相连的人生道路。而且，随着所在单位的变化和职能转换而不断改变着自己的角色定位。

1985年7月至1993年3月间，我在中国人民银行上海市分行金融行政管理处从一名普通科员干起，历任副主任科员、市场科科长、副处长。在中国人民银行工作期间，我主要承担着一名立法者、管理者的职责。一方面，针对当时逐渐出现的证券发行交易新方式、市场新生态，我有幸执笔起草了《证券柜台交易暂行规定》《上海市证券交易管理办法》等多部规章，为证券市场的改革创新创造法治环境；另一方面，我亲身参与了中国改革开放后首家证券交易所——上海证券交易所的筹建和报批的全过程，在股票、债券发行的审批中，立足发展，支持创新。

1993年3月至1998年间，我在上海市证券管理办公室任副主任。当时上海诸多企业，特别是国有大企业对证券市场是什么，股票、债券有什么作用懵懵懂懂、知之甚少，普遍缺乏利用证券市场工具获得发展新活力的意愿。我作为管理者的同时又成为一名劝说者、推动者，奔走于企业之间，为其指明一条可靠的融资之路。在不懈努力下，上海机场、上港集团等一批优质企业完成了股票发行上市和并购重组，利用资本的力量开启了实体经济发展的第二春。

1998年后，上海证管办收归中国证监会直属管理，当时改名为中国证监会上海证管办，2004年又改称中国证监会上海监管局。在这期间，我先担任副主任、主任，后任证监局党委书记、局长，一直是一名纯粹的监管者和执法者，以保护投资者的合法权益为己任。无论职位如何变化，我始终坚持凡是在上海辖区内证券市场的重大的、重要的、突发的事件，一定亲力亲为、尽力而为。我亲自抓了上海辖区的股权分置改革、证券公司综合治理等重大工作；亲身指导处置了华安国际配置基金危机、富友证券公司挪用托管国债等一批金融市场风险事件，维护了广大投资者，尤其是中小投资者的合法权益。

方兴未艾时引导法制，有法可依后鼓励入市，蓬勃发展中监管合规。入行三十多年来，能一直站在中国资本市场改革发展的最前沿，为最迫切的需求贡献自己的绵薄之力，是我一生的荣幸。谨以此书献给所有为中国资本市场发展添砖加瓦的劳动者、建设者和创造者。愿下一个30年中，我们能保持奋勇前进的步伐，为中国资本市场再续辉煌。

张 宁

2020 年 5 月 31 日

证券市场
初　创

社会主义中国第一只股票

1986年11月，美国纽约证券交易所主席约翰·范尔霖到访中国。中华人民共和国成立后，这样的人物属首次到访中国，因此，14日受到了邓小平同志的接见。接见时，范尔霖赠送给邓小平同志一枚纽约证券交易所徽章，这是一个特殊的徽章，据说是纯金材质，拥有这个徽章代表着成为纽约证券交易所的贵宾，凭它可以自由出入纽约证券交易所。邓小平同志欣然接受了这个纪念品。作为礼尚往来，我们国家也打算找一件纪念品回赠他。当时人民银行总行研究后，想送一张中国的股票给他。那时候中国的股票非常少，如果中国能够送一张股票，也可代表中国改革开放的形象。那天，我接到总行金融管理司（简称金管司）的电话，他们说本来想让北京分行找北京天桥的股票，因为北京天桥发行股票的时间比上海的飞乐音响公司早几个月，应该是新中国的第一只股票，结果拿到东西一看，不行，那其实就是一张印制很简单的收款凭证，凭证上还写着

"五年还本"字样。人民银行金管司说这不像股票，就是一个收款凭证，还有点像债券，根本拿不出手，所以又打电话让上海分行找一张最早的股票马上送到北京总行，陈慕华行长要代表国家送给范尔霖先生。我们处里一致认为上海第一只股票是1984年11月份经人民银行上海分行批准公开发行的飞乐音响股票。飞乐音响向社会公众发行的股票是一万股，面值共50万元，关键是无收回期限。虽然发行数量不算多，但是飞乐音响公开发行的社会影响还是比较大的，公开排队、认购踊跃。尽管在它之前，还有1984年9月经人民银行上海市分行批准发行的上海华宁实业公司股票，但那只股票并不是公开发行，所以就确定了飞乐音响这张股票。当年为了防止股票被仿造篡改，人民银行上海分行金管处（金融行政管理处简称）对股票印制审核要求非常严格，飞乐音响的股票是上海印钞厂（代号542厂）设计印制的，从当时的角度看，飞乐音响的股票制作非常规范，票面上含有各种各样的防伪标记，印制非常精美，纸张质地也很好。我记得当时找的是一张50元面值的记名式个人股票，那时候股票都是记名式的，股票上应该记谁的名呢？由于这张股票是由人民银行上海分行副行长周芝石送去北京的，所以记名人写的就是周芝石。这张股票送到北京的人民银行总行，交给了总行行长陈慕华同志，然后陈慕华同志在第二天会见范尔霖先生时就把这张股票送给了对方。

范尔霖拿到这张股票以后，如获至宝，非常高兴。不过范尔霖是金融业的内行，他发现这个股票记的名字是中国人，不是他自己，他的法律意识也比较强，知道记名式股票的法律意义是什么，那就是记谁的名字，它在法律意义上就归属于谁，如果不写你的名字，即使这张股票在你手里它也不属于你。为此他16日特意到上海，租借警车开道，在时任人民银行上海市分行行长李祥瑞的陪同下，专门去了中国工商银行上海信托投资公司静安证券业务部。来到证券业务部就提出要求，办理飞乐音响股票过户手续。静安证券业务部设在南京西路静安寺附近，门面很小，只有一开间，可以用来接待客户的面积只有十多平方米。但是这个营业部却是上海最早的股票交易柜台，于1986年9月26日开始办理股票买卖业务，办理由原工商银行上海静安信托分部代销的飞乐音响和延中实业两家公司股票的代理买卖业务，另外还有一项业务就是办理这两只股票的过户登记。范尔霖到了那里，把那张飞乐音响股票拿出来，要求把股票过户到他的名下，可是当时周芝石并不在场，那怎么办呢？于是陪同范尔霖的人民银行上海分行行长李祥瑞把股票从周芝石的名下先过户到自己名下，然后再从自己名下过户给范尔霖，范尔霖先生就此成为这张股票的真正所有者。由此就有了全世界最大的证券交易所主席来到全世界最小的证券交易场所办理股票过户的小故事。范尔霖把这张股票带回美国后，据说当时就挂在了纽约证券交易所的大厅里面，标注说这是社会主义中国的第一只股票。飞乐音响股票就此成为国际上认可的第一只社会主义中国的股票。

　　现在有不少人说中国的第一只股票是北京天桥，但是，北京天桥当初发行时的凭证设有五年期限。据1998年《人民日报》记载，北京天桥最初的300万股本被股民退掉145万元，1988年又增发了700万元。据说，在首发股票多年后，公司召开股东大会决定将股票转成无期限。按照现代证券市场的概念来看，其实北京天桥当初发行的证券更接近于债券或可转换债券，严格来说，当时还不能算是真正意义上的股票，所以说中国的第一只股票其实是飞乐音响，不论是发行审批还是发行方式，不论是股份期限还是股票印制，都相对比较规范。至今我的家中仍然存有包括飞乐音响在内的第一批最早上市的"老八股"股票收藏册，每每翻阅，一段段往事仿佛犹在眼前。

中国资本市场从国际认可的第一只股票到现在35年多了，上交所（上海证券交易所简称）自1990年11月26日成立到现在也30年了，30年来中国的资本市场在不断地改革、发展、壮大，尽管走得曲曲折折、坎坎坷坷，但是总体上是在往上走、往前走。走到今天，上交所在国际市场的排名已经在前三四位了。我们用30年走过了一些发达市场走了一百多年的历程，时间虽然很短，但是我们走得还算比较快，跟得上国际的步伐，而且走得还比较平稳。截至2020年4月底，我国内地上市公司数量已有3 800多家，涵盖了国民经济各行各业，为中国的改革开放、中国的经济发展和社会主义建设作出了积极的贡献，在宏观上发挥了重大作用。展望未来，随着我国市场化、法制化、国际化的水平越来越高，中国的上市公司和资本市场将在经济发展过程中发挥越来越重要的作用。

二级市场初露端倪

　　一级市场，也称发行市场或初级市场，是资本需求者将股票等有价证券首次出售给公众时形成的市场。这个市场发行是一次性行为。二级市场是有价证券的流通市场，是发行后的有价证券进行买卖交易的场所。二级市场与一级市场关系密切，既相互依存、相互促进，又相互制约。1986年9月上海首家证券交易柜台的设立，标志着上海证券二级市场的萌芽和诞生。

　　1984年11月，经人民银行上海分行批准，上海飞乐音响公司委托中国工商银行上海分行静安信托分部向社会公开发行股票50万元，共一万股，每股50元，这是中华人民共和国成立后金融机构第一次代理公开发行股票。1985年1月，延中实业也委托工商银行静安信托分部公开向社会发行股票500万元。随着股票的发行，股票的转让交易需求也逐渐显现，股票购买者有资金需求时就需要将股票变现，但却找不到地方买卖交易，许多股票持有者纷纷到经手代理发行飞乐音响和延中实业的已更

名的工行上海市信托投资公司静安分部打听股票能否转让、如
何转让。为满足投资者需求，1986年9月26日，上海第一家证
券交易柜台——工商银行上海市信托投资公司静安证券业务部
正式开业了，业务部位于南京西路1806号。业务部入驻之前这
里原本是个理发店，柜台外只有12平方米。开业那天，我们作
为证券市场的管理者，需要了解我国改革开放后第一个股票交
易场所的营业运行情况。没想到，我和金管处的同事黄为一起
到了门外，但是却进不了门，不仅12平方米的柜台前挤满了人，
连门外都挤得水泄不通。我们在门外看了很久，费了九牛二虎
之力，才硬挤到狭小的柜台内，了解当天的交易情况。这个证
券交易柜台最早交易的仅有经市人民银行批准公开发行的飞乐
音响和延中实业两只股票，交易方式最开始只有委托代理买卖，
没有电脑，没有行情显示屏，价格按固定的红利率折成所持时
间计算得出，并将价格牌插在设计好的价格墙板上，定时更换。
股票交割、登记卡号、盖章、过户等手续都是手工完成。当时
担任工商银行信托公司静安证券业务部正、副经理的是黄贵显
和胡瑞荃两位老先生。正是这个小小的证券业务部，开始了我
国改革开放后最早的股票交易，开创了新中国股票交易市场的
萌芽。它的诞生成为1986年全国十大经济新闻之一，所以说，
它在上海的证券发展史上占有特殊地位。

　　为了推动和规范上海的证券交易市场，1987年1月5日，人
民银行上海市分行发布了《证券柜台交易暂行规定》（1月15日
起试行）。这份文件我参与了执笔起草，文件规定了凡章程规定

了可转让的政府债券、金融债券、公司债券、公司股票和大面额可转让的存款证（亦称大面额存款证），均可在批准经营证券转让买卖业务的金融机构办理柜台交易；规定了柜台交易的公司债券和公司股票应具备的条件；规定了各信托公司都可以设证券交易柜台以及不同机构的经营业务范围；放开交易价格，实行随行就市等。这个规定出台后，我们开始审批证券交易柜台的设立，这一年市人民银行金管处共审核批准了7家证券交易柜台网点。1988年设立了一批专业证券公司以后，人民银行总行批复了证券公司也可下设柜台交易网点。同年4月，国库券上市交易，财政部门也提出了国债交易柜台网点的设立需求，于是经总行批准，4月设立了上海振兴证券公司，专营国库券业务，也可下设柜台交易网点。直到1990年上海证券交易所成立前，我们共批准了二十多家证券交易柜台网点以及一些代理点。上海证券交易所成立时，证券公司、信托公司证券部以及一些代理证券业务的城市信用社等都成为上交所会员，此后不久，人民银行总行开始批准各异地证券公司、信托公司证券部可以在上海开设证券营业部，证券交易柜台的名称由此统一改为证券营业部。但当时总行金管司尚未同意上海的证券公司在上海以外开设营业部，记得有一天万国证券公司的管金生总经理来找我说，张处长，外地公司可以在上海设营业部而我们却不能去外地设立，实在不公平，你也应该批准我们到外地设营业部。我确实也有同感，但又不能越权，于是我对他说，我可以出个文件同意你们去外地设营业部，相当于"出门条"，但外地人民银行及总行批准与否不是我能决定的，工作要你们自己去做。此后，经过努力，上海的证券公司也能在外地开设营业部经营业务了，就此部分证券公司成为全国跨地域经营的公司。随着人民银行不断批准新的证券营业部开业，上海地区的证券营业部也逐步发展壮大，最多时达500多家。

一级市场的需求催生了二级市场的出现，而二级市场的诞生又促进了一级市场更快的发展，自1984年飞乐音响公司发行股票，1985年延中实业股份和爱使电子设备公司相继发行股票之后，直到证券柜台交易出现后的1987年才又有几家公司公开发行股票，1月24日真空电子器件股份有限公司、3月20日申华电工联合公司（后更名为申华实业股份有限公司）、8月31日飞乐股份有限公司以及1988年3月8日上海豫园商场股份有限公司四家公司相继公开发行股票并进行柜台交易，从而做了准备，为上交所开市时的"老八股"贡献上海地区的7个股票。与此同时，1988年4月国库券上市交易。上海石油化工总厂、上海氯碱总厂相继发行30万吨乙烯项目建设的企业债券等。这些又为上交所的设立积累了上市交易的债券品种，而上交所的成立，更是促进了证券市场的迅猛发展。

1987年9月27日，经中国人民银行批准，全国第一家证券公司——深圳经济特区证券公司成立，1988年4月，为了配合国债上市交易，经人民银行批准成立了上海振兴证券公司（后来更名为上海财政证券公司，之后又与上海市投资信托公司证券部合并为上海证券公司）。同年，上海万国、申银和海通三家证券公司也先后成立。由于证券公司的初审在各地人民银行分行，但批准权在中国人民银行总行，上海的证券公司的报批都在金管处由我具体经办。最早提出申请的是由上海国际信托投资公司牵头组建的万国证券和由交通银行组建的海通证券两家公司，结果在向人民银行总行报批时，总行明确表示支持，但要求上海第一家证券公司必须由中国人民银行上海市分行发起组建，否则其他两家难以获得批复。我把这一情况向分行领导汇报后，龚浩成行长决定我们上海分行可以先设立一个证券公司，但这个公司不能经营具体业务。行长的理由是：中国人民银行作为中央银行，又是证券市场的管理机构，不能既当裁判员又当运动员，作为中央银行不应参与具体的业务经营活动，否则对其他商业机构既不公平也不公正。1988年5月，人民银行上海市分行出资设立的上海申银证券公司得到人民银行总行的批准，随后万国和海通两家证券公司也相继获准设立。获得批准后，万国证券公司于1988年7月18日正式成立，成为上海第一家股份制证券公司，申银证券公司则于同年8月成立。1989年，工商银行上海市分行提出要求设立证券公司，1990年7月，由于申银证券公司一直未经营具体业务，人民银行上海市分行为了保持公正性，决定把申银证券公司转让给工商银行，与当时工商银行上海信托投资公司证券业务部进行了合并。

1986年开始，二级市场的交易方式最早只有一种，即代理买卖。代理买卖指的是券商按照客户的买卖要求及价格，根据价格优先、时间优先的原则，帮助合适的配对成交，向客户收取佣金。1988年4月国债交易开始时，开放了自营买卖。自营买卖指的是开设证券交易柜台的券商自己作为证券的买方或卖方与投资人进行交易，赚取差价。这样一来，就形成了代理与自营两种交易方式并存的格局。1990年12月上交所开业后，上海的股票和债券基本上都集中在交易所交易，且所有的交易几乎都采用了电脑集中自动撮合交易。

从1986年9月26日证券交易开始到1990年底上交所开业，这五年间，上海的证券交易额逐年快速增加。1986年成交额为68.5万元，1987年为3 020万元，1988年为30 478万元，1989年为80 288万元，1990年为242 948万元，即使与1987年相比，四年间也增长了80倍。这五年的成交额也反映出市场结构的变化，除了1986年和1987年只有股票成交以外，从1988年债券开始交易，特别是国债上市交易后，上海证券交易市场就是以债券为主的市场了（无论是品种还是数量）。1988年、1989年和1990年的证券成交额中股票的占比分别仅为1.46%、0.97%和2.04%。

股票的交易价格经历了最初以预期的股息红利率定价到逐步随行就市的过程。1984年8月10日，经市政府批准人民银行上海市分行制定发布的《关于发行股票的暂行管理办法》共有七条，其中有一条是对股息和红利的规定，办法规定："股息与红利集体股按相当于企业存入银行的一年期定期存款息率，计算股息，每年付息一次；个人股按相当于一年期储蓄存款息率，计算股息，每年付息一次。"当时企业和个人的一年期银行定期存款利率是不同的，个人比企业高了一倍，个人15%，企业7.5%。于是刚开始实行柜台交易时，股票交易价格并没有依据市场供求关系定价，而是按照个人股的年股息15%以及持有的时间长短计算得出当天的股价。随着时间的推移，股票交易价格逐步向供求关系决定方向发展，特别是后来国债交易按照随行就市原则开始交易，股票交易也逐步随行就市由买卖双方根据供求关系定价了，但其实价格还是有一个限制的，不允许超出年股息15%太多。交易所成立后，对股价涨跌规定只有1%的幅度，相当于现在的涨跌停板。后来有一段时间，上海证券交易所将股价放开，不设涨跌限制，再加上当时可上市交易的股票太少，导致股票涨幅惊人。市政府得知后紧急叫停，于是重新设置了5%的涨跌幅度限制。1996年12月16日起，上交所和深交所（深圳证券交易所简称）开始实施10%涨跌幅限制制度，延续至今。目前，仅在2019年7月22日科创板开市时，将科创板的涨跌幅限制放到了20%，一年后创业板的涨跌幅也放宽到20%。

中国证券的发行制度走过了三个阶段，分别是审批制、核准制、注册制。审批制是指由政府行政审批，1993年起，国务院证券委每年给各省份分配一定的发行家数或额度，然后报地方政府或央企主管部门批准，最后报中国证监会复审同意后发行。中国早期的股票发行都是审批制。核准制是1998年《中华人民共和国证券法》颁布时明确的，是指发行人申请发行证券，不仅要公开全部的可以供投资人判断的资料，还要符合证券发行的实质性条件，证券主管机关有权依照公司法、证券法的规定，对发行人提出的申请及有关材料进行审核，然后由发行审核委员会表决通过，并由证监会核准后，才可以发行证券。中国股票发行目前大部分还是使用核准制。注册制是指发行申请人依法将与证券发行有关的一切信息和资料公开，制成法律文件送交交易所及证监会审核，并证监会注册，审核机构负责审核发行申请人提供的信息和资料是否履行了信息披露义务，不对发行人进行实质性审核和价值判断，而将发行公司股票的良莠留给投资人来判断，交给市场来决定。早在2013年11月，党的十八届三中全会关于《全面深化改革若干重大问题的决定》中提出"健全多层次资本市场体系，推进股票发行注册制改革"。2019年在推出科创板的同时试点注册制，一年来，科创板已经成为我国资本市场的重要组成部分，注册制取得了成功，不但获得了市场认同，而且已经应用到创业板，不久的将来还将向其他板块推广，这将极大提升中国证券市场的市场化程度。

中国的证券发行经历了从审批制到核准制，再到现在的试点注册制，在这过程中，也并非一贯按部就班地发展。从审批制到核准制的过程中，我的亲身经历使我感觉，这中间曾经出现过一小段注册制的雏形，那就是在上海港口的上市中，当时上海港口上市计划筹资23亿元投资外高桥二期码头，但是当时外高桥码头并未建成，按照审批制的思路，证监会一开始并不同意，我提议可以请建行对已投资部分作投资审计，出投资估价报告，招股书再对尚未投资部分及投资后收益作风险提示，后来证监会按充分披露风险的思路操作，批准了上海港口的上市申请。在今天看来，这就是注册制的审核思路。

柜台交易、股票交易定价、证券发行制度的历史变迁，反映的都是中国资本市场一步步走向市场化的过程，相信未来中国资本市场的市场化程度会越来越高。

债券市场初步兴起

中国的债券市场从1981年财政部恢复发行国债至今，经历了曲折的探索和发展历程，大致包括三个发展阶段：第一阶段从1981年到1986年，是债券市场的萌芽阶段，1981年国债恢复发行，1984年开始出现企业内部集资式的债券，1985年国有商业银行也开始发行金融债券，在这个阶段，债券市场是非常原始的，债券不能转让和交易，并没有形成合法成型的债券交易机制或交易场所。第二阶段从1987年到1997年，是债券市场的起步和探索阶段，出现了公开发行并形成了债券交易市场，1987年1月经人民银行上海市分行批准，上海锦江联营公司发行了上海第一个企业债。同时，上海建设30万吨乙烯项目，经国家同意可自筹资金，上海石油化工总厂和上海氯碱总厂先后公开发行了企业债，用于30万吨乙烯项目建设，企业债发行由此起步。1988年4月21日，国债开始在7个试点城市证券交易柜台开始交易，随后，8月份全国各地都开始了国债交易。1990年12

月，上海证券交易所开业后，各类债券正式在交易所上市交易，债券交易市场正式形成，而且成为上交所交易品种和成交量的重头。此后，国债发行开始试行市场化，从行政摊派向承购包销及招标方式转化，特别是1995年国债招标发行试点成功，成为这一阶段债券市场发展的里程碑节点。第三阶段从1998年至今，为规范发展阶段。1998年11月，人民银行颁布了《政策性银行金融债券市场发行管理暂行规定》，银行间债券市场异军突起，银行间债券市场框架基本形成，债券市场逐步分化成银行间市场和交易所市场，2005年后，债券市场多头监管格局形成，银行间债券市场成为我国债券市场主体，债券市场的市场成员、产品序列、交易方式不断丰富。在此发展历程中，我有幸亲历其中，为推动债券市场的发展，也做了一些事，特别是在债券市场的起步阶段，譬如1988年的国债交易试点、各类企业债券发行的审批等。

国债是政府为筹集财政资金而发行的一种政府债券，由政府向投资者出具承诺在一定时期支付利息和到期偿还本金的债务凭证。我国的国债发行分为两个时期：20世纪50年代为一个时期，80年代以后为一个时期。50年代由国家统一发行的国债共六次，1968年本息还清后，就不再发行了。直至1981年1月，国家颁布了《中华人民共和国国库券条例》，财政部开始恢复发行国债，即国库券。当时的国库券发行，主要采取行政摊派方式，由财政部门直接向认购人（主要是企业和在职人员）按工资比例出售，带有半摊派性质。按照规定国库券不得当作货币流通，也不得自由买卖，由于当时老百姓手中的余钱不多，买了又不能转让，利率也不高，因此对于国库券都兴趣不大。在这种情况下，每个单位都被分配了购买国库券的任务。从1981年到1987年，国家年均发行国库券59.5亿元，发行国债逐渐成为国家弥补财政赤字的重要手段，但是国债发行越来越难，需要"摊派"，同时出现一些私下低价转让的情况。于是，1988年4月21日，国务院批准7个城市进行开放国库券转让的试点，分别是上海、沈阳、重庆、武汉、广州、哈尔滨和深圳。

1988年4月初，人民银行上海市分行收到银发〔1988〕77号中国人民银行、财政部《关于转发〈关于开放国库券转让市场试点实施方案的请示报告〉及国务院批示的通知》，允许1985年和1986年向个人发行的国库券进行转让，4月21日起在全国7个城市试点。我当时是人民银行上海市分行金管处市场科科长，专门管理证券市场，收到文件后，行领导明确要求由我具体负责此事。接到任务后，我首先仔细研究了这份文件，并据此立即起草上海的国库券转让具体实施细则。我认为国库券转让的概念比较大，赠与、继承、抵押等都是转让行为，而文件中的国库券转让通篇仅仅是围绕着国库券的市场买卖，按证券市场的行话来说就是国库券交易，因此，我把实施细则中的"国库券转让"改为"国库券交易"，这一改动也得到了处长和行长的首肯。1988年4月19日，人民银行上海市分行、上海市财政局颁布了《上海市开放国库券交易市场试点方案的实施细则》（沪银金管〔1988〕5044号）。由于国库券交易涉及国库券的买卖价格以及财政信用，故这项工作的具体操作需要人民银行市分行和市财政局一起相互协作完成。实施细则写好后，我马上联系了财政局一起商量此事，财政局负责与我接洽的是综合计划处处长，商议下来，关于国库券代理买卖的交易价格出现了分歧。我认为，国库券自营买入的开市价，按文件要求由人民银行会同财政局确定，而国库券代理买卖的交易价格应该按文件上写的随行就市，也就是主要由市场来决定。这位处长对此表示反对，她认为价格随行就市可以，但是任何时点、任何种类的交易方式都不能低于票面值，因为这涉及财政的信誉。我一听，这怎么行？代理买卖价格本来就出自客户买卖双方的意愿，原则上按文件要求，本该就是随行就市的，要是限定了不低于票面值的最低价，这还能叫随行就市吗？我想了想，继续商量道："随行就市是文件上写的，我们肯定不能随意改，现在有两个办法，一是如果代理买卖的价格跌破票面值，由财政局出钱买入，将价格维持在票面。因为人民银行的平准基金按文件规定只能用在自营买卖上，而不能用于代理买卖中。二是我们分别请示各自领导，由领导来决定。"她说："那就先请示领导吧。"回来后，我马上向分管副行长汇报了这一情况，分管副行长最后与财政局领导协商解决了此事，国库券代理买卖价格随行就市，不限最低价。其实我很清楚，1985年和1986年的国库券，都有两三年的应付利息在那儿摆着，尚未支付，怎么可能跌破票面呢？再者，自营买卖价格由人民银行的平准基金撑着，不会跌破票面，那代理买卖的价格又怎么会跌破票面呢？于是上海市国库券交易试点方案的实施细则顺利推出。

1988年4月21日，上海的国库券交易试点在十几个证券交易柜台正式开始。我们市场科每天都要到各营业柜台实地去查看交易情况，收市后还要人工用算盘汇总统计各个营业柜台的交易数据，上报人民银行总行，每天都是从早上忙到晚上。一年之后，我们请来上海财经大学计算机青年教师刘兰娟，帮我们设计开发了国库券交易统计软件程序，才把我们从繁重的人工统计中解放出来。

与此同时，国库券的黑市交易也越来越猖獗了，由于当时全国只有7个城市试点国库券交易，而且价格上只与当地的供求关系相关，没有形成全国统一的国库券交易价格，上海投资者的投资意识比较强，对价格的敏感度比较高，因此，上海的国库券交易价格成为全国的"高地"，国库券交易出现了"套利"空间，有一部分投资人到异地试点城市的证券交易网点去买入低价的国库券，再到上海的证券交易柜台卖出，赚取"阳光"价格差。而更多的人则是到非试点城市挨家挨户低价收购国库券，而这种私下收购的国库券因为没有交易成交单是不能到营业部卖出的，只能在上海的"黑市"上买卖，同时，"黑市"上还夹杂着其他各年份未允许交易的国库券。于是，1988年9月，财政部、国家工商管理局出台了《关于对倒卖国库券的单位和个人进行惩处的规定》，上海打击国库券"投机倒把"的行动就此展开。记得当时我们和市财政局综合处、市工商局市场监察大队、市公安局治安大队一起开会讨论如何开展行动。在联合开展整治行动时,我第一次看到那么多穿便衣的警察,和我印象中穿制服的警察形象完全不一样,很是好奇。由于我不是工商、公安部门的,在这方面又没有什么经验,行动时就远远地跟在他们后面观察,只看见执法者们三三两两到达国库券"黑市买卖"地点,按预定方案各自盯牢目标,以吹哨子为号,哨子一响,只见大家一拥而上,各自迅速制服现场正在黑市买卖的不法分子,人赃俱获。跟在后面的我,也算是亲历了一次这样的场外"打非"行动,印象非常深刻。

说到国库券交易,就得提到一个人,他就是当年靠国库券买卖赚取人生第一桶金而成名的上海人"杨百万"。"杨百万"名叫杨怀定,开放国库券交易使国债变成了可以赚钱的有价证券,由于当时金融知识并不普及,传递信息的渠道也不像现今这样通畅,很多老百姓对于国库券的行情并不敏感,而且当时的证券机构都没有跨地区的分支机构,并没有形成全国统一的国库券交易市场,没有统一的交易价格,各地投资者的意识、购买力和供需关系都不一样,不同城市之间国库券交易出现了不小的"套利"空间,甚至同一个城市不同营业部之间的价格也不相同。杨怀定敏锐地捕捉到了这个赚钱的机会,做起了买卖国库券的生意。1988年8月,国库券转让从第一批7个试点城市增加到第二批54个城市。有一天,杨怀定来人民银行金管处找我,我当时正好外出,市场科一位同事接待了他,他说,"我从外地证券交易柜台买入国库券,到上海的证券交易柜台卖掉赚取差价，这样做是合法的吧？我自己查过许多法律法规，也咨询了律师，这样做并不违法。所以今天专门来找张科长确认一下"。后来，接待的同事向我汇报此事，我明确告诉他只要是在证券交易柜台买卖就是合法的，这与黑市买卖不同，杨怀定由此算是吃了一颗定心丸。杨怀定国债异地套利的生意也是越做越大，短短时间内已经有百万家产，人称"杨百万"。

随着全国国债交易开放的城市越来越多，各地国债交易的价格也日趋接近，但还是存在地区差异，直到1990年上交所成立之后，各地券商都成了交易所的会员，国债上市交易，又采用了集中竞价交易方式，全国国债交易价格终于统一，在交易所产生统一交易价格，由交易所统一发布价格信息。由于交易所一开市就是电脑自动撮合交易，因此，各地都不再需要人工统计国库券交易数据了。

企业债，是由中国具有法人资格的企业发行的债券。企业债市场的萌芽始于1984年，开始出现了一些企业自发向社会或企业内部职工集资等类似债权融资的活动。1984年底开始，人民银行上海市分行制定了《上海股票发行暂行管理办法》并经上海市政府批准发布，金融行政管理处就根据此办法审批企业内部股票和债券筹资，因为办法中有一条是"债券比照股票"。随着1987年3月国务院发布《企业债券管理暂行条例》，企业债市场进入了快速发展时期，企业债融资在1992年的快速膨胀后带来了许多潜在金融风险，1993年，国务院发布了《企业债券管理条例》，企业债市场逐步步入规范发展阶段。

1987年1月7日，经人民银行上海市分行批准，上海锦江联营公司发行了上海市第一个企业债，总额为5 000万元，期限为一年。1987年上海建设30万吨乙烯项目，经国家同意可自筹资金。当时，国家财政困难、资金紧张，30万吨乙烯项目开创了共和国重点项目建设的先例——企业举债建设。1987年1月7日，经中国人民银行批准，上海石油化工总厂为建设该项目发行了1.38亿元企业债券。

1988年上海氯碱总厂计划引进国外先进装置，建设年产30万吨乙烯吴泾工程重点项目，这是上海解放以来地方投资最大的氯碱工业项目，经人民银行上海市分行批准，5月1日起分期发行了三年期企业债券，共计7.9亿元，创出了一条"自筹资金、自行归还"工程建设的新路子。同年8月25日，上海石油化工总厂为建设30万吨乙烯装置的国家重点工程，也发行了三年期企业债券。我有幸经手了这些债券的发行审批，这些债券发行都经过远东资信评估公司的评级。

随着国内宏观经济走势和通货膨胀率变化，债券市场利率也在悄然发生着变化，1987年、1988年发行的债券票面利率为固定利率，1～3年期债券的利率为9%～11%（不计复利）；1989年，随着通货膨胀率上升，利率开始发生变化，利率由固定利率加上保值贴补率，1990年，利率又从固定利率变为浮动利率，为银行同期存款利率上浮三个百分点再加上保值贴补率；1991年还出现了以低于票面价格贴现发行的债券；1992年，随着通货膨胀率有所下降，债券利率又恢复为固定利率。从债券票面利率的变化，可以清楚地看出当时宏观经济的变化对债券市场的影响。

大家可能都知道"327"国债期货事件，"327"国债期货对应的是1992年三年期国债。这期国债发行时票面利率为9.5％固定利率；1993年7月起又实行到期加保值贴补率，而此时同期储蓄存款利率上调至12.24％，高于国债利率2.74个百分点，国债与储蓄存款的利差是否应该贴息？这是当时国债现货市场和期货市场投资者普遍关心的问题。记得1995年初时，万国证券总经理管金生曾来问我："张主任，你看国债会贴息吗？"我说，一般国际上都是按照发行招募书执行的，如果招募书上没说是浮动利率，一般是不会加息的，因为发行招募书是法律文件，不能随意更改的。但是，我不知道财政部会怎么做。遗憾的是，结果我的判断失误了。在通货膨胀率有所下降的情况下，1992年三年期国债在1995年到期前宣布"贴息"了。试想一下，如果在"贴息"宣布前能得到一点小小的"信息"，别说是国债期货"做多"了，即使是投资国债现货都能赚"大钱"啊。

1990年，上海开始发行市政建设类债券，以集资方式支持各类基础设施建设。其中主要有：1990年7月份开始发行煤气债券，由上海市煤气公司发行，上海市政府担保，由安装煤气的用户购买；1991年配合住房制度改革开始发行住宅建设债券，由上海市公积金管理中心发行，上海市政府担保，1991年上海市房产管理局与上海市住宅制度改革办公室联合发布的沪房改办〔1991〕53号文《上海市住宅建设债券管理办法》规定，凡获得新分配直管和自管公有住房的住户，都要按照《上海市住宅建设债券发行和认购办法》认购住宅建设债券。煤气和住宅这两个债券都是期限长（五年期）、利率低（年3.6%），而且是得益者必须购买。1992年4月，为了浦东开发建设，上海市政府分别委托上海市信托投资公司、上海久事公司发行五年期的浦东建设债券，共4亿元。浦东建设债是市场化发行，年利率为10.8%。此时，已经出现了债券资信评级，这两家公司的债券经远东资信评估公司评估，资信等级为AAA和AAA-。以上所有的市政建设类债券经税务机关同意，都免缴了个人收入调节税（即现在的个人收入所得税）。这些债券，为当时上海的城市基础设施建设、投融资体制改革以及浦东开发都作出了一定的贡献。

1987年前发行的主要是企业内部债和1年内的短期融资债，1988年开始发行的基本都是可以上柜台交易的长期企业债，不同时期发行不同的债券，都是与当时国家和地方经济发展需求相匹配的。

当时的债券发行，按规定都需要经过人民银行审批同意。我所在的金管处，正是负责审批事项的具体工作部门，刚开始我跟着老同志学习，逐步积累经验，随着老同志逐渐退休或调离，1987年开始我逐步接过审批的重任，直到1993年3月我离开金管处之前，一直都在做着各类债券和股票发行的审批和交易管理工作。

上海的债券交易要晚于股票交易，股票交易始于1986年，1988年先是国债在证券柜台交易，企业债发行后也开始在柜台交易，股票开始交易时只有代理买卖，国债交易后增加了自营买卖。上交所成立后，股票和债券就集中到交易所上市交易了。

初涉金融管理，共解房改课题

　　1984年，人民银行上海市分行正式行使中央银行职能，设立了金融行政管理处。时值中国进入金融体制改革，各类新兴金融业务和金融市场蓬勃发展，当时金融行政管理处的职责相当宽泛，除了信贷计划、货币发行和外汇管理外的其他各类金融事务都受其管辖，既要进行信贷大检查、现金库存检查，也要对银行、保险、信托等机构及证券业务审批，还要对银行、保险、信托、证券及各类金融违法违规行为进行处罚，如伪造、变造和变相货币，未经批准发行证券等。

　　1985年7月，我到行使中央银行职能的人民银行金融行政管理处（以下简称"金管处"）工作。那时候社会上出现变相货币，有些单位私自印发一些代金券，按照当时的现金管理条例，这是不允许的，金管处要去执法查处。我当时是处里偏年轻的干部，这出外勤的工作由我和更年轻的新职工来做。在查处过程中，我们坚持原则又兼顾灵活性，在实践中熟悉并确立了查处流程，这也为我日后的证券监管行政处罚工作积累了经验。我还负责过有奖储蓄、有奖彩票的审批，当时这些业务都归人民银行管理，由金管处审批。我们起草了相关管理办法，认真审核并确定有奖彩票、储蓄等的发售成本、奖励及资金用途等。

刚到金管处工作的那几年，我在忙碌各类工作的同时，也常常思考什么是中央银行的管理边界和职责，我们的监管是否符合法定职责。例如，国务院法制办就彩票管理制定行政规章来上海征求意见时，我结合工作实际提出了自己的想法，对于有奖活动的审批，如果是有奖储蓄、有奖债券，由人民银行来管理是应该的，因为毕竟涉及金融，但是我们不应管理有奖彩票，尽管也是有奖活动，但其产生的资金用途和去向，是与金融无关的社会事业，人民银行无法从总体上考虑发多少、怎么发、成本如何管理、资金用到哪里去等一系列问题，所以有奖彩票一类的审批工作我们无法清晰有效地实现全程监管，更无法审批。所以，我当时的建议是，应该由负责管理社会福利的民政、体育、文化等部门去管理有奖彩票发行，而不是人民银行。

后来我的建议在立法中被采纳了，有奖福利彩票的管理部门由此发生了变化。除了与金融相关的有奖活动仍由人民银行审批外，其余的都交由其他相关部门管理。随着金融市场的发展和金管处职责的变化，我从1986年开始主要从事证券市场管理工作，并于1988年担任了金管处市场科科长，专门从事证券市场中发行、交易及机构的管理。

在金管处工作期间，除了金融管理的工作，机缘巧合之下我还有幸参与了一次"跨领域合作"，那就是"上海市住房制度改革"。

20世纪80年代，上海普通居民住房条件普遍不太理想，人均住房面积不足3平方米。老上海石库门类型的房屋本来是一套供一家人居住，但是由于住房紧张，当时往往几户人家住在一套石库门内，有些家庭甚至住在"亭子间"，两三代数口人居住在一间十平方米左右的房屋中，拥挤不堪，尤其是上海的盛夏更是难熬。

针对这一明显的民生问题，上海市政府决心制定对策，推动住房制度改革，让"居者有其屋"。1989年，上海市市长要求设立住房制度改革领导小组并亲自担任组长，下设住房制度改革研究小组，该组共计九人。

由于住房问题是一个涉及多个领域、多种关系的复合型问题，需要各个方面的专业人员通力协作并拿出配套的具体方案。因此，研究小组成员来自市建设委员会、住宅办、财政局、体改办、计划委员会、人民银行等多个相关部门。鉴于住房制度改革同样离不开金融政策的支持，我作为人民银行的代表也加入其中，成为"九人"之一。

虽然加入了房改研究的队伍，但是我的本职工作也不能落下，于是常常单位和研究小组之间两头跑。说实话的确辛苦，可也有一种充实的快乐。在研究小组中我们又进一步划分了各自负责攻坚的任务——我和另外两位同志主要负责金融支持政策的设计。金融支持政策是房改政策有效推行的有力金融支持，相关的调查研究工作马虎不得，任何在这方面先行试点的经验对我们而言都是宝贵的，值得学习的。当时，青岛为了改善群众住房，创办了"住房银行"提供金融扶持，我们去实地考察，论证是否可以引入上海；听说外国的住房公积金制度有可取之处，我们就查找资料，学习研讨。

经过反复讨论筛选，我们草拟了《上海市房改资金金融管理暂行办法》，由于当时建立住房储蓄银行的政策不明朗，尽管办法中写了有条件时可成立上海住房储蓄银行，但还是决定先采取两种金融措施——住房公积金和住宅建设债券。在公积金中，我们确定了从个人工资及单位支出两方面输入公积金资金池的额度，利率按照银行活期存款利率执行。此外，还适当调整了公租房出售价格，以免对群众造成过大的购房资金压力，但购房时要购买住房建设债券，就是购房者在购买国家出售的原公租房的同时需购买一定数额的债券，该债券在当时利率较低，大约是年利率3.6%，不计算复利，五年后一次还本付息。这两项举措相当于地方政府向购房者和公积金缴纳者以低利率借债一段时间，为有需求、有困难的购房者提供贷款，从而为推动住房制度改革提供一定的资金支持。这类专项建设债券后来不断发展，衍生出了煤气债、浦东开发债等一系列基础设施建设债产品。

上海市市长对房改工作很重视，几次专门召开会议听取研究小组的相关工作汇报，探讨研究实施方案。后来房改方案中

相关的金融支持政策基本采用了我们的研究成果。到了1990年
下半年，方案已经基本敲定并报送国务院批准。到了快启动落
实阶段，和研究房改政策一样，落实房改政策同样需要各个部
门、各个领域的专业人士共同完成，仅仅依靠房地局一个部门
来实施是不切实际的。于是，市政府决定成立上海市住房委员
会、公积金中心等来具体操作，并且需要从各个部门协调人员
加入该委员会。当时主管此项工作的市建设委员会向市长上报，
建议将房改研究小组九名成员全部调入住房委员会，这样至少
有一个基本的队伍底子。市长批示同意。

人民银行上海市分行接到市长批示后，分管副行长找我谈
话说，市长画圈了，我们只能服从决定，问我有什么想法。我
听懂了行领导的意思，当时就说，自己学习的是金融，设计房
改中的金融方案已完成，去房改办作用不大，而目前更重要的
是，我正在参与市长交给人民银行的另一项重要任务——筹建
上海证券交易所，而且时间紧迫，任务繁重。我将心中的个人
意愿坦诚地说了出来，行长也认为这是个很好的理由，人民银
行如实向市政府进行了反馈。于是，我仍然留在了人民银行，
参与了上交所的筹建。后来，市住房委员会的相关同志还来询
问过我一些政策设计上的问题，我尽心尽力地给予了解答，也
算是有始有终地完成了这项任务。

起草上海证券交易管理办法

20世纪八九十年代，中国的证券市场刚刚起步不久，各项业务都还在摸索研究之中。在一片生机勃勃、激情涌动的市场氛围中，作为监管者的我们一方面欣喜于日新月异的发展；另一方面也在思考如何引导人们有序投资、规范经营，真正实现证券市场的持续发展。

在那个年代，我们的观念是"无法不可为，有法才能为"。所以，改革应该先立法或者立法要跟上改革的步伐。我可以自豪地说，当时上海是全国各地中证券立法的先行者、探索者。1984年8月10日，上海市政府批准执行了人民银行上海市分行《关于发行股票的暂行管理办法》，这一办法尽管只有寥寥8条，粗泛地规定了股票的种类和发行范围、股票的期限、个人与集体股息红利率、股票转让与过户以及"债券比照股票"等几个基本方面，但是，这毕竟是中华人民共和国第一部关于股票发行方面的地方部门业务规章，它向社会公众宣布，新办集体所有制企业可以向社会公开发行股票。这一规章的发布大大激发了企业使用金融工具集资经营的热情。办法发布后3个月，11月18日上海飞乐音响公司成立并且向社会公开发行股票一万股，总额50万元，这一里程碑式的事件引起了国内外的广泛关注，也标志着上海股票市场进入了全新的阶段。

1986年9月26日，中国工商银行上海信托投资公司静安分公司正式开通了沪上第一个股票交易柜台，交易的股票是飞乐音响与延中实业。其他信托公司见状，纷纷表示也要设立柜台。难能可贵的是，当时人民银行上海市分行的思路很清楚，那就是做股票业务创新可以，但必须在制度的指导、监督下进行，不能随性乱来。我们意识到，如果等越来越多的参与者加入这片领域以后，才启动相关配套规制措施，恐怕为时已晚。为了适应证券市场的发展，统一规范证券柜台交易行为，1986年末，按照领导要求，在与其他同事的共同努力下，我开始执笔起草《证券柜台交易暂行规定》，并于1987年1月5日由人民银行上海市分行发布，同月15日执行。那时，我们出的第一个规定，一般都会用"暂行"两字。这个规定对证券交易柜台业务范围及设立、上市条件、交易方式、成交原则、价格及过户等作了规定，共12条，并且明确，但凡向社会公开发行并且章程规定可以转让的债券、股票和大面额存款证，只有经过人民银行上海市分行批准后，才能进行柜台交易。各柜台交易点还必须对所交易的证券鉴别真伪，避免有人浑水摸鱼。交易的价格则充分尊重买卖双方合意，随行就市，但都限于现货交易。在这一规定的指导下，人民银行上海市分行陆续为当时沪上每个信托公司都批准设立了一个证券交易柜台（后改名为营业部），经营证券的代理买卖业务。在1988年国库券交易后，又增加了自营买卖业务，也增设了城市信用社证券交易柜台和代理点。证券柜台交易业务不断扩大。在1990年上交所设立之前，已经有二十多个证券交易柜台开始经营证券交易业务，可谓积累了丰富的交易实践经验。

经过1986年的执法检查，针对存在的问题和证券市场发展的需要，我们金管处又草拟了《上海市企业债券管理暂行办法》《上海市股票管理暂行办法》报市政府，市政府于1987年5月23日发布，当年7月1日执行，1984年的《关于发行股票的暂行管理办法》同时废止。这两个办法按不同特性将股票和债券作了明确区分。

到了1988年，上海开展柜台交易已经一年有余，证券经营机构呈现多样化趋势，成立了专业的证券公司。如万国证券、申银证券、海通证券及专门从事国债业务的振兴证券，专营与兼营证券业务的机构并存。随着证券市场所涵盖的品种与质量日新月异，证券市场各种不规范行为也时有发生。在这种背景下，人民银行决定起草《上海市证券交易管理办法》（以下简称《办法》），内容涵盖证券发行、交易及证券经营机构等。为什么选用这个名称呢？主要是受美国《1934年证券交易法》的影响。尽管当时没有完全的翻译版本，但我们知道该法涵盖了所有与证券相关的内容。其次，从广义上讲证券发行行为也是一种买和卖的交易关系，所以将办法定名为《上海市证券交易管理办法》。

人民银行将订立该办法的请示报告给市政府法制办后，市政府将其列入了立法规划。当时，分行的分管领导明确这件事由我来执笔起草，我当时颇感压力，虽然起草过股票管理和柜台交易的规定以及其他一些规范性文件，但毕竟自己不是法学专业出身，无论是立法构架、立法内容还是立法技巧，都需要从头学起，同时还要负责市场科的面上工作。然而，想到这是市场的需要，是领导对自己的信任，也是一次极好的学习和锻炼机会，于是我欣然接受了这一光荣而艰巨的任务。我努力查阅搜集境内外各方面的有关信息和资料，向法学界的同志学习请教，尽可能达到全面、严谨和细致的标准，努力完成领导交办的任务。在起草过程中，金管处组织召开了各方面座谈会，不断征求社会各界的宝贵意见。基于之前的几个规定，我又参考了一些境外的及旧上海的相关法规，进行了全面的整理和改进，思考构建完善整体框架，不断充实明确规范性、禁止性和处罚性条款，尽量使办法完整可操作。

《办法》初稿于1988年末报送到市政府法制办后，法制办的经办人俞振威隔三岔五找我询问各条文设置的含义及目的。《办法》初稿审议了很长时间，直到1990年6月份，上海市市长在一次关于筹建上交所的会议中明确，由于国家不可能马上出台相关法律法规，在上交所建立之前，上海市政府一定要先制定一个办法，作为上交所成立的法律依据，并明确由时任市政府法制办主任卢莹辉负责。

与会的人民银行上海市分行分管行长回来传达了市长的要求，并对我说："张宁，'管理办法'得想办法盯紧，快点完成，要作为上交所成立的法律依据。"我说，其实这个法规早就起草好报送出去了，只是现在还需要补充一部分内容，因为以前谁都没有提过建立证券交易所这回事。于是，我在原稿中加上了有关"证券交易所"及"证券同业公会"两章内容，整个法规共9章81条。为了把《办法》拟订得更全面，我们又在各相关部门、证券经营机构及相关公司中征求了一轮意见，其中，我还专门听取了当时在"联办"的高西庆同志的意见，不断修改完善。可以说，这个《办法》凝聚了证券市场和业界的智慧和心血。我还记得，第二次修改补充起草完毕，稿件在行内讨论时，时任行长龚浩成同志拿着稿子问："这个稿子谁写的？""是张宁写的！"我们分行的总稽核也是金管处原处长周家渊答道。"哦！"他笑着对我说，"张宁，你这稿子写得全面，可以拿去评高级职称了！"结果，1994年我确实凭着这个《办法》，在龚浩成行长和上海分行总稽核周家渊的推荐下，获得了人民银行总行颁发的高级经济师职称。

《上海市证券交易管理办法》是中华人民共和国成立以来第一部对证券市场相关行为全面规范的地方政府规章，在当时属于证券立法的最高层级，受到市领导的高度重视。第二次报送稿送交市政府法制办之后，市长及其他领导同志仅用了两个月左右的时间就完成了立法审批程序。1990年11月27日，即上交所成立大会后的次日，市长签发第40号令发布了《上海市证券交易管理办法》。该《办法》于1990年12月1日生效，赶在1990年12月19日上交所正式开业之前，保障了交易所开业之初就有一套比较综合、完备的政府规章可供遵循。

此外，我还有幸执笔起草了《上海证券交易所章程》《上海证券交易所会员管理办法》，组织起草了《上海证券交易所交易市场业务试行规则》等，其中，1991年的《上海市人民币特种股票管理办法》由人民银行总行与上海市政府共同发布，也是这一领域中首次立法。

在当时国家金融立法尚不完备的情况下，这批规章文件成为上海证券市场早期发展的重要指引和规范，直到1998年《中华人民共和国证券法》出台，这些老《办法》《规定》才算真正完成了自己的历史使命。在这一系列立法过程中，我有一些尤为深刻的体会，那就是创新领域需要立法同行，才能为创新开路、保驾护航；而创新领域的立法规制，应当尽量做到详略得当，粗细有度，既要保持严谨性，又要有一定的超前性。不能"敲死每一个螺丝钉"，需要留下一定的"升级空间"，以应对市场的飞速发展。

记得在1994年，一名美国大律师（美国证券交易委员会SEC的五人委员之一）来中国考察证券市场，我作为上海市证管办（证券管理办公室简称）副主任接待了他。当时他说："我看了现在中国所有的证券方面的法律规定，其中令我印象最深刻的是《上海市证券交易管理办法》，我认为这个法规写得最好、最全面，最像证券法。"

听闻此言，我很自豪，首先对他高度评价《上海市证券交易管理办法》表示了感谢，但接着我又向他说明："这并不是立法者水平高低所致，这是由于立法的时间节点和客观历史条件所致。现在中国实行的是分散化的证券管理体制，国务院证券委员会和中国证监会管理全国股票市场，人民银行管理金融债发行以及证券经营机构设立，地方政府管理证券交易所及股票、地方债券发行交易，计划委员会管理企业债发行及额度，财政部管理国债。因此，各职能部门只能在其职责范围内进行管理，开展立法，不能越俎代庖，如证监会只能出《股票发行与交易管理暂行条例》。没有一个部门能够全面考虑起草证券法规，而且，全国各地证券市场发展差异很大，全国人大全面立法的条件又不成熟。而当时上海在1990年颁布《上海市证券交易管理办法》时，是人民银行上海市分行负责统管整个上海的金融市场，因此可以起草制定比较全面的《上海市证券交易管理办法》，再由市政府审核通过并发布，这是由当时的历史条件决定的。"

我顿了顿说："不过，我非常高兴的是，我正是上海这部办法的执笔起草人，所以还是要谢谢你对我的认可啊。"那位美国律师听后大感惊喜，我们随后深入探讨了证券市场的许多相关话题。

我在人民银行金管处工作的那段时间，是证券市场的萌芽阶段，国家层面基本没有立法，所以我那时立法性文件写得较多，对相关法律问题也特别关注，有一次开完国际研讨会，我陪龚行长一起送外宾，外宾问龚行长我是不是学法律的，因为我在会上问了许多证券法律方面的问题。我虽然不是学法律的，但是因为立法性文件写多了，自然关注最多的是法律问题，而且必须关注。在证券市场建设初期，全国各地市场发展存在差异，国家立法层面也存在空白，这对于我们市场起步较早地区的证券管理者来说，就必须从立法的角度去思考并实践，从而使证券市场行为有法可依、依法运行、健康发展。这也是历史赋予我们的职责和机遇。实践告诉我，市场化其实就是法制化，没有法制，就不能成为市场。

现在回想起来，应该非常感谢历史给了我这样的机遇，让我一个不是法学科班出身的金融管理者，学习和积累了一些法学知识和立法技能，尝试做了几年的证券市场立法者，为上海证券市场早期的规范和发展作了些许贡献，使自己回首往事颇感自豪。这也使得自己在后来国家层面立法的时候，能够提供一些实践的体会和立法建议。而后，随着中国证券市场的蓬勃发展，国家法治建设的不断完善，我从立法者兼执法者的角色，逐步转变成资本市场的执法者。

亲历上海证券交易所筹建

　　今年是上海证券交易所成立30周年，我就是从30年前亲身参与筹建而结缘上交所的。1984年末，为了写《我国现阶段建立证券交易所问题初探》这篇论文，我来到工商银行静安信托分部，结识了开创上海股票代理发行和交易的前辈黄贵显经理和胡瑞荃副经理，了解了股票发行市场的萌芽状态，没想到也给自己定下了以后的职业发展方向。1985年7月，我离开复旦大学后，从工商银行调到人民银行上海市分行金融行政管理处，从此开始了长达33年的证券市场管理及监督的职业生涯。我在人民银行金管处从科员、副科级干部、科长干到副处长，一直从事着包括发行股票、债券，发售股票认购证的审批以及股票、国债、企业债等挂牌交易的管理，参与上交所筹建、起草制定与证券及市场相关的规章制度及违法违规行为处罚等工作。这其中，亲身参与上交所的筹建尤其令我记忆深刻，终生难忘。

上交所是改革开放的产物

众所周知，证券交易所是证券集中竞价交易的场所，是证券二级交易市场的重要组成部分，与证券一级（发行）市场相辅相成，也是证券市场发展到一定阶段的产物。然而，上交所的诞生还有着深刻的历史背景。

1989年末，正值春夏之交的政治风波之后，中国改革开放的国际环境很差，西方国家普遍认为中国改革开放会停滞甚至倒退，这对中国的负面影响非常大。在这种情况下，中国还是要坚定不移地坚持改革开放，这是中央的战略决策。那时，上海开始研究浦东开发开放，研究建立上交所的问题。1989年12月2日，上海市委书记兼市长在市委小礼堂就如何深化上海金融体制改革举行上海市委常委扩大会。会上，市委决定设立筹建上交所三人小组。这三人是：时任交通银行董事长兼行长（人民银行上海市分行原行长）李祥瑞、时任人民银行上海市分行行长龚浩成和时任上海市经济体制改革办公室主任贺镐圣。

记得在这次会议上，当市长问到对建立上海证券交易所的看法时，李祥瑞说了一句很精辟的话："目前建立证券交易所是政治意义大于经济意义，长远利益大于眼前利益，社会效益大于经济效益。"我觉得，这句话非常精准，真实而鲜活地反映了上交所诞生的时代背景，极具战略意义。尽管这句话当时是传达的，但给我的印象极其深刻，所以至今记忆犹新。

1990年4月18日，国务院总理在上海宣布了中共中央、国务院的重大决策：开发开放浦东。4月30日。上海市政府宣布国务院对浦东开发开放的十大政策措施，其中之一就是建立上交所。5月28日至30日，上海市外国投资工作委员会、人民银行上海市分行和证券交易所研究设计联合办公室在上海新锦江大酒店举行"发展证券市场国际研讨会"。这是国内第一次举办关于证券市场的国际研讨会，参与的有100多位中外来宾。会上，要建立上交所的消息一传出，整个会场便一下子轰动起来，我当时很纳闷。会后我问来自摩根士丹利的代表保罗·希尔，刚才说要建立上交所时为何场面如此热烈，他操着流利的中文兴奋地回答我："你知道吗？我们西方认为交易所是资本主义市场的最高组织形式，你们要建立证券交易所，说明中国确实还在改革开放。"这句话对我的震动不小，感触很大。这样看来，当时建立证券交易所的政治意义确实大于经济意义，一下子改变了国际上对中国改革开放的理解，树立了中国改革开放的形象。我们也可以把资本主义市场的最高组织形式搬过来，为中国的社会主义经济建设服务。正如上海市市长在上交所开业典礼致辞中所说，上海证券交易所是我国大陆第一家证券交易所，它的成立具有重大意义。第一，它标志着我国将坚定不移地继续奉行改革开放的政策；第二，它是我们把中央关于开发浦东、开放浦东的战略决策付诸实施的一个重要步骤；第三，它表明，我们在振兴上海、开发浦东的过程中，把发展金融事业放在十分重要的地位，采取国际上通用的形式，利用证券筹措资本，为社会主义建设服务。

1995年12月19日，也就是上交所开业五周年之际，中共中央政治局常委、国务院副总理视察上交所。在参观了交易大厅、听了简要汇报之后，来到二楼会议室尚未落座，副总理望着玻璃窗外楼下的交易大厅感慨地说：五年前我们建立上海证券交易所的时候，绝对没有想到会发展到现在这样。我当时在旁边亲眼见证了这一切，亲耳聆听了这番话，真正是有着切身的同感。筹建时都没有想到，短短5年交易所会在经济建设中发挥这么大的作用。我再反过来想那句话：长远利益大于眼前利益，非常精准。

上交所内部规章制度的前期准备

上交所的设立，在不少人的意料之外，却又在改革开放的情理之中。这个机构的成立经过了全面完备的框架搭建和规章制度准备的过程，诞生在一条合法合规的轨道上。上交所的筹建和设立，从内部看，具有基本保障运行的治理架构、初步系统的规章制度、合适的交易场所、先进的交易方式。从外部看，具有设立的法律依据、严格的报批程序。即便用今天的眼光来看，也称得上是合法合规的典范，经得起实践检验和时间考验。

1990年年中，我参与的上海市住房制度改革研究小组的任务基本完成，又全身心投入到金融行政管理处市场科科长的工作中。当时分管市场科的副处长是1989年11月从国家审计署调到人行银行上海市分行的尉文渊。一天尉文渊找我说："刘波跟我说，建立证券交易所是中国资本市场的一件大事，将来历史上会留下一笔，你说是吧？"我说："确实是。"他又问我是否愿意跟他一起去筹建交易所，他可以去请示龚行长，我欣然答应。在得到龚行长的同意后，我就和尉文渊去参与筹建上交所了。

筹建上交所是一个机遇，对此我已有所准备。除了1984年写过一篇关于建立证券交易所问题的论文外，我也陆续收集了很多资料，包括国外交易所的资料。当时，我已经在金管处干了五年的证券市场管理工作，积累了一定的知识和经验。五年中，我还参加了人民银行总行在香港举办的金融市场培训班，以及境外券商举办的多次证券市场研讨会，对证券市场及交易所有了进一步的了解。所以，到了筹建交易所的时候，尉文渊跟我分工，他管外，我负责内部规章制度方面，由此我开始执笔起草《上海证券交易所章程》《上海证券交易所会员管理办法》等有关的规章制度。

通过查阅国外的一些资料，我了解到当时国际上交易所大多数采用会员制，少数是公司制，不像现在多数是公司制，甚至是上市公司。国外的公司法开宗明义都有这么一条，公司的目的是营利。我觉得，我们是社会主义国家，交易所应该以会员制为主，如果我们搞成公司制就要以营利为目的，而会员制不是以营利为目的，它是为会员服务的。因此，我在起草上交所章程时写了很重要的一条：交易所不以营利为目的。讨论章程时大家都认为"不以营利为目的"这句话很拗口，不营利就不营利，为什么还说不以营利为目的？很多人则因不理解而表示反对，认为交易所怎么能不营利呢？交易所不营利我们喝西北风去？我解释说这句话是反复考虑过的，如果写成不营利，交易所未来就不能营利，如果交易所营利赚了钱，所有的钱都要还给会员，或者不能向会员收费。如果这样，交易所将来怎么发展提高，怎么更好地为会员服务呢？我是绞尽脑汁才写成"不以营利为目的"。这句话的实际意思是，目的不是营利，但是可以营利，不排斥营利。之后就没人反对了。这句话从上交所的章程到后来证监会制定的交易所管理办法中都一直保留着。另外，在起草章程时，我绝对预想不到证券交易所会发展得那么快，当初也担心万一不营利怎么办，交易所不能轻易就关门啊。所以，又在"不以营利为目的"之后又加上了"实行自律管理的会员制事业法人"。实在不营利时，作为事业法人还可以国家拨款，这样算是有了"双保险"。另外，我考虑到，交易所虽然是自律管理组织，但也要避免只注重会员利益，而不顾市场其他参与者利益，所以在章程中明确了维护国家、企业和社会公众的合法权益的宗旨。在理事会的结构设计中，明确了非会员理事占三分之一以上，这也是参考了国外会员制交易所的一些做法。在章程中我还设计了监事会制度，明确由4名监事组成，其中2名内部监事，2名外部监事。外部监事由人民银行和市财政局提名，并任正副监事长，这也算是一个完整的治理架构。但不知是何原因，1993年的上交所章程修改后，就不设监事会了。

会员管理办法（规则）相对好写一些，因为之前我已经写过一些券商管理的规定，有一定的积累。内容主要是成为会员的条件、程序，会员经营各项业务的条件及收费标准，从业人员的资格及处罚条件等。

当时，我们被难住的是交易所的交易市场业务规则。以前柜台交易只有自营和代理两种交易方式，而交易所内主要是集中竞价交易方式。集中竞价怎么操作？以前我们没有写过相关规章制度，也没有执行过集中竞价交易方式，所以被难住了。但我们在上海市档案馆里居然找到了1936年旧上海交易所的交易规则，问题是距离当时的1990年都已经过去五十多年了，这个规则还能用吗？后来，我们又找来香港交易所的交易规则，结果看不懂交易规则的表述。香港那时候是英国殖民地，所有的法律规定都以英文为准，虽然有中文版但不要求准确性。香港交易所的交易规则中文版是由英文版直译过来的，英文原文很多是倒装句，翻译的中文也直接变成倒装句。一句很长的话中间用几个"之"来衔接。我们原本就对集中竞价的规则不太熟悉，再来几个"之"就更加一头雾水了。

那怎么办呢？这时候正好有一位台湾的券商到上海，给了我们一本台湾交易所的交易规则。我拿来看了之后，感觉似曾相识，马上把旧上海的交易规则拿出来比对，发现相差无几。我这才明白，台湾还在用旧上海的那套东西，没有太大的变化。于是我们就拿这两个交易规则作蓝本讨论怎么修改。白天大家都在忙筹建的其他事情，晚上或者周末则集中讨论交易规则。大家围绕规则各抒己见，却经常各执一词，会为一句话一个措辞争论很长时间，定不下来还建议删除，这个讨论耗时最长。我觉得这样效率不高。根据几年来的立法实践体会，我在主持讨论时说道，旧上海这个规则距今都半个多世纪了，台湾还在沿用，说明它实用，如果它不实用，台湾肯定把它改掉了，不会沿用到今天。很多事情我们没碰到过，所以不理解，如果现在把很多不理解的都拿掉了，等以后哪天碰到了再找回来加进去，那每年都得加，说不定过几个月就得改，不断地改，那太麻烦了，也没有严肃性了，规则不能老是改。所以我建议，主体部分不动，一些对将来会有害的或者对发展不利的内容坚决拿掉。于是，我们去掉了规则中"买空卖空"部分，也就是现在说的融资融券。当时大家都看过《子夜》这部电影，里面就是因为做空导致人员伤亡。我们社会主义国家搞资本市场如果出现买空卖空致人死亡的话，那市场是要关门的，改革就进行不下去了，所以我们不能把"买空卖空"放在里面。后来，一直到2010年证监会出台融资融券规定后，才开放了"买空卖空"，但这也不是像其他市场那样的"裸卖空"。

1992年，我看到深圳证券交易所的交易规则，与我们1990年制定的交易市场业务规则差不多。我明白了，这可能也是参考了台湾版本。

这些规章制度的准备，为上交所的建立和运作奠定了重要而扎实的业务基础。

上交所成立的法律依据及审批设立程序

上交所的成立有稳固的法治及制度基础，有完备的报批程序。即使以今天的法治要求来看，都是合法合规的，这离不开上海市市长强烈的法制意识。他当年在市政府讨论成立交易所相关问题的会议上提出，设立证券交易所必须符合两条要求，第一，必须要有设立和运行的法律依据，有法规，在国家层面尚无立法的情况下，上海市政府先出个规章，作为上交所成立的法律依据；第二，必须要报经国务院批准。换言之，虽行前所未有之举，却须有法可依，有法必依。因此，即使放到今天来看，上交所的成立不仅回应了时代的要求，还经得起法律及相关规定的检验。这一点在制度创新、实践创新的先行者之中尤为难能可贵。

非常幸运的是，市长的两条要求在具体工作落实时，都落到了我的身上。一项是人民银行上海市分行1988年底报给市政府法制办的《上海市证券交易管理办法》的报送稿是我执笔起草的，修改完善《办法》的工作顺理成章也由我担当。我在原稿的基础上增加了"证券交易所"及"证券同业公会"两章内容，修改完善后，人民银行上海市分行又将《办法》再次报送市政府法制办，最后由市长签署市长令发布。另一项是我两次上北京，经历了交易所报批的全过程。

1990年紧张筹建交易所时，市长要求12月19日必须开业，因为6月份他在香港出访时，已宣布并邀请了香港贸发局主席邓莲如等贵宾，于12月19日来上海参加上交所的开业典礼。这是给我们下了一个"死命令"，我们必须按照倒计时来安排任务和时间节点。

　　上交所成立的报批程序是完备的。但是，当时必须报国务院批准，程序怎么走，没有先例、没有标准，还得抓紧。人民银行上海分行是由我执笔起草的文件，《关于建立上海证券交易所的请示》报上海市政府，行长签发后，都没来得及走正常收发程序，由我拿着纸质红头文件从中山东一路23号人民银行所在大楼出来，送到中山东一路12号的市政府大厦交给办公厅。那时已是9月份。等市政府起稿，副市长、市长签发完后，为了赶时间，我带着市政府《关于建立上海证券交易所的请示》红格纸文件稿飞北京，去人民银行总行会签。这也是我平生第一次坐飞机。到了北京，我先去长安街上的人民银行金融管理司找经办人聂庆平签稿，再交给司长金建栋签字，之后又跟着文件跑到三里河人民银行总行办公厅，坐等总行行长签字。等行长签好后，我带着文件立马飞回上海，交给市政府办公厅办理正式红头文件。几天后，拿到盖有市政府大印的正式红头文件，我再次飞往北京，将文件交给人民银行总行，最后由总行上报国务院。那时可能是航班不多的原因，记得第二次回上海时，乘坐的不是常规航空公司航班，航班从北京南苑机场起飞，在上海江湾机场降落，机型是三叉戟，空中飞行时上下起伏非常大，对于我这个初坐飞机者来说，着实是玩了一把心跳。这中间为报批交易所来回跑的过程尽管很累，但是很快乐，等待出批复的过程才是令人心焦的，更何况中间还出现过会员范围问题的插曲。总的来说，结局是完美的。经国务院同意并授权，中国人民银行于1990年11月14日正式批复，同意成立上海证券

1990年11月24日至26日，上海证券交易所成立大会在华南宾馆举行
（李祥瑞：前排左三；张宁：前排左七）

交易所。拿到批复后，我们才召开上交所成立大会。

最后，上交所设立的过程是规范的。上交所成立大会暨第一次会员大会于1990年11月24日至26日在上海华南宾馆举行，成立时有25家会员。会上，我代表人民银行金管处汇报筹建过程，大会讨论通过了关于联合发起设立上海证券交易所的决议、《上海证券交易所章程》、《上海证券交易所交易市场业务试行规则》、所旗、所徽等。会议选举产生了第一届理事会，共9名理事：李祥瑞（交通银行党委书记、董事长兼行长）、尉文渊（人民银行上海市分行金融行政管理处副处长）、陈瑜（上海市经济体制改革办公室综合处副处长）、王连仲（沈阳北方证券公司总经理）、李训（浙江省证券公司总经理）、汤仁荣（上海海通证券公司总经理）、程祖望（上海财政证券公司总经理）、管金生

（上海万国证券公司总经理）和阚治东（上海申银证券公司总经理）。按照交易所章程，其中有3名是非会员理事：李祥瑞和尉文渊作为上交所待任理事长和总经理是当然的非会员理事，陈瑜是作为市政府代表的非会员理事。会议推举了交通银行董事长李祥瑞为第一任理事长，任命尉文渊为第一任总经理。会上还选出了第一届监事会，共4名监事，其中2名非会员监事周芝石（人民银行上海市分行副行长）、程静萍（上海市财政局副局长）分别任正副监事长。

1990年11月25日，上海证券交易所第一届会员大会选举理事
（张宁：右二）

全国性证券交易所地位初步确立

在成立上交所的申请文件向国务院报批的过程中出现了一个小插曲，就是交易所的会员范围问题，它关系到交易所是地

区性的还是全国性的问题。当时我得到一个信息，人民银行总行在上报国务院的文件中写的是上交所为地方性金融机构，只能吸收本地会员。我一听只能吸收本地会员，这跟我们的初衷不一致，就立马向分行行长报告，当时分管副行长罗时林带尉文渊等去香港考察了，我就跟临时分管的副行长报告了总行要把上交所办成地方证券交易所、只能吸收本地会员的情况。副行长问我怎么看这个问题，我说道，如果没有外地会员进来，上交所也没有成立的必要，上海已经有20多个柜台，把柜台计算机联网就行了，我们成立交易所的目的就是要让外地会员进来，做成全国性的证券交易所。副行长让我先听听外地券商的意见，他们愿不愿意进上交所，如果他们愿意我们再考虑这个事情。

我马上找了两家异地券商的负责人，一个是浙江证券总经理李训，一个是中农信证券部的负责人王申，他们两位都明确说一定要进来，不要把他们关在外面，于是我把他们带到行长办公室。他们两个对行长表态说一定要进交易所，自愿要求进来。接下来，行长室作了专门讨论，一两天后，副行长告诉我行长室决定要把上交所做成全国性的证券交易所，让我大胆去争取，绕道走也要把他们绕进来。

得了尚方宝剑，我就去想办法了。我那时候是市场科的科长，证券机构也归我们科管。按照当时的规定，证券机构开设营业网点必须获得人民银行总行批准的金融营业许可证；程序上是证券机构要先将设立申请报给分行金管处，由分行报人民银行总行批准。我知道，按常规，一般证券公司对外营业的部门是营业部，对内的部门是业务部，像经纪业务部、自营业务部，内设部门无须金融许可证。最后，我想了一个办法，让这些外地公司在上海设立业务部，这个业务部不对外营业，是内设部门，不需要人民银行批准的金融机构对外营业许可证，但是要求业务部去上海市工商行政管理局办理工商登记许可证，成为上海本地法人。这样一来，就能够以上海本地法人的名义进入上交所成为会员。当时人民银行和工商局的关系比较密切，行长先跟他们局长打个招呼，我再跟工商局注册登记处商量具体操作。后来我们把名字定下来，叫某证券公司上海业务部，如浙江证券公司上海业务部；中农信是一个信托公司，叫中农信上海（证券）业务部。都要加上海，信托公司都还要加"证券"两个字，后面都是业务部。工商登记注册后就是法人了，然后就以这个名称的法人身份进入上交所成为会员。所以，上交所最早的25家会员中，有9家外地会员都是以这样的方式进入上交所的。25家会员中还有5家是上海的城市信用社。25家会员分别来自上海、北京、浙江、安徽、江西、辽宁、山东、海南等省市，具体是：上海申银证券公司、上海万国证券公司、上海海通证券公司、上海市投资信托公司、上海爱建金融信托投资公司、上海财政证券公司、中国人民建设银行上海市信托投资公司、中国人民保险公司上海分公司、中国工商银行山东信托投资公司上海（证券）业务部、沈阳北方证券公司上海业务部、江西省国际信托投资公司上海（证券）业务部、中国银行上海信托咨询公司、中国农业银行上海信托投资公司、安徽省国际信托投资公司上海（证券）业务部、中国农业信托投资公司上海（证券）业务部、浙江证券公司上海业务部、海南华银国际信托投资公司上海（证券）业务部、上海上工证券业务部、上海保北证券业务部、上海文庙证券业务部、上海江浦证券业务部、上海环龙证券业务部、中国国际信托投资公司（集团）上海分公司、中国新技术创业投资公司上海（证券）业务部、中国经济开发信托投资公司上海（证券）业务部。就这样，我们把会员范围扩大到了全国。这样做的意义是，上交所从一开始就奠定了全国性证券交易所的基础，其会员来自全国各地，投资者来自全国各地，产生的证券交易价格也是全国统一。

一两年后，人民银行总行金管司放开了口子，其他地方的券商都可以进入上交所做会员，也可以到各地设营业部了。改革当中肯定会遇到各种各样的新情况、新问题，虽然我们绕道走了一点儿弯路，但最终还是把这个事情做成了。我们为交易所筹建、为资本市场发展做了一点儿事情，感到非常荣幸，很有成就感。

为了交易所开业时能够顺利开展交易，在交易所成立大会前后，我们组织所有会员的场内交易员（当时称为经纪人）进行培训，讲证券市场情况、法规规则、交易市场业务、交易所章程等，提高他们的专业能力和水平。我作为授课人之一，讲授证券管理的法规规章和自律管理规定，以及《上海市证券交易管理办法》的具体内容。与此同时，我们还与交易所、证券公司一起组织投资人（股民）培训班，普及证券知识及法规，使他们基本具备投资证券的知识和能力，可能这是最早的投资者教育吧。记得每次办班，课堂里都是座无虚席，听讲认真、讨论热烈。这些投资人（股民）来自各行各业，有教师、医生、会计师、律师、企业职工及个体户等，其中有些人后来还成了证券从业者，这些也都为交易所的开业打下了扎实的基础。

1990年11月，上海证券交易所首届经纪人培训班结业留念，张宁（一排右四）是教师之一

上交所交易方式的确定

上交所筹建之初，对交易方式其实并没有明确的目标，交易方式是在筹建过程当中逐步形成的。我们找到一些旧上海交易所的老经纪人，了解到旧上海交易所的交易方式是写黑板，

我们讨论后认为这种交易方式已过去半个多世纪，太落后，就没有采用。我们在交易规则中写了三种交易方式，第一种是口头唱报竞价，就是东京交易所采用的以各种各样的手势动作来完成交易，虽然当时不知道这些手势到底是什么意思，但是我们写了这样一种方式；第二种是计算机终端申报竞价，在电视里看到香港交易所交易大厅里每个交易员面前都有一台计算机，所以我们也写了用计算机交易方式；第三种是专柜书面申报竞价，电视上纽约交易所是在亭子似的专柜里用纸面下单的，到收市的时候，满地全是纸片，因而我们也写了这种方式。三种交易方式究竟用哪种呢？在讨论中，大家都不知道这些方式究竟是如何具体交易的，也不知道该采用哪种方式。我们这些人中没有人去过纽约交易所，专柜到底专营什么，单子如何下，下给谁，单子里面是什么内容，谁都不知道，纽约交易所的交易方式只能是写写罢了。我们筹备组里有一位陆时兴，他也是金管处市场科的，曾被人民银行派去野村证券实习了几个月。我问他东京交易所打手势是什么意思，特别是每个股票用什么手势代表？他说他在野村证券没做过交易，也没进过东京交易所，不知道他们交易的动作代表什么意思，于是东京交易所的方式也就只能作罢。当时我们和香港交易所没有现在这么多的联系，计算机交易到底是怎么操作的，我们也不清楚。正当大家讨论未果、举棋不定时，幸亏有一位虽然不是我们筹备组正式成员，但全程参与筹建工作的上海财经大学年轻教师谢玮。他曾在国外学过计算机，后来曾任上交所副总经理，现为上交所的首席技术官。当时看我们讨论无果，他就对我说，其他的交易方式就别考虑了，用计算机交易吧，你们只要告诉我交易的原则，我去写一个软件，用微机联网交易就可以了。我说，交易原则我只知道三条，第一价格优先，第二时间优先，第三大宗优先。他说这三条就够了。过了大概两三周他就把基础软件写出来了，最后，上交所开业时就采用了以微机进行计算机自动撮合交易了。

上交所的交易方式一开始就是当时亚洲最先进的。我后来才知道，香港交易所的计算机在20世纪90年代初是用于场内申报价格的系统，并不是自动撮合交易系统。就是场外经纪人通过电话把交易的价格和需求报进来，由场内交易员把场外来电的信息包括买卖什么股票、多少股、价格等输进计算机，场内其他的交易员在计算机里看到后，有意向的再用场内电话打给这个交易员，讨论买卖股数及价格。当时场内每个交易员面前有两部电话，一部通场外，一部通场内。两个场内交易员通过讨价还价成交后，就把成交的价格输进计算机，然后再到大厅中央的话筒上报一下成交情况。这过程并不是真正完全用计算机自动撮合的交易。上交所一开业使用的就是一个自动撮合成交的计算机交易系统，而且是自主开发。之后有一次，我接待一批外国券商和投资者，他们看到上交所用计算机交易，就问上交所的交易系统是买的国外哪家的，我说不是买的，是我们自己研究设计的，并分享了当年的故事。他们当时都很惊讶，直夸我们做得好。

我们当时用计算机自动撮合交易，并不是拍脑袋拍来的，而是因为计算机信息技术已经开始发展，中国有了一定的储备，我们有谢玮这样的计算机人才，才开发出上交所自动撮合交易系统，并且当时在国际上还是比较先进的。那时美国纳斯达克市场也只是计算机报价系统。一年多后，上交所又进一步改善，实现了无纸化清算、交收和托管，不再使用实物券进行清算交收过户了，这就更加先进了。

据说，当年伦敦交易所曾经花费2 000万英镑想学我们的无纸化清算交收，派人来学习后，最后还是放弃了，因为英国实行无纸化交易的话，那些搬券的、保管券的、办过户手续的公司就都要关门，既得利益者都不同意。我们的成功，在于改革走在前面，也没有历史包袱。

上交所英文名称的由来

上交所的英文名称由来也经历了一些曲折。当时在确定了交易所的中文名称——"上海证券交易所"之后，并没有重点关注并确定一个英文名称。但是我想，上海将来要重塑远东金融中心甚至建设国际金融中心，上交所作为金融中心的核心，势必会全方位与国际接轨，怎么能缺少一个英文名称呢？因此，我向英文水平较好的同志咨询。翻译"证券交易所"有两种选择：纽约、伦敦采用"Stock Exchange"，东京、台湾交易所则采用"Securities Exchange"。经过比较，我向尉文渊提出建议，还是采用"Shanghai Securities Exchange"比较合适。原因有三点：一是由于特殊的历史环境，"股票"（Stock）当时仍被有些人视作资本主义的典型代表，是一个比较敏感的词汇，而"证券"（Securities）则涵盖范围较大，相对而言是个比较中性的名词；二是当时我们在向人民银行总行报送的请示中明确，上交所是以债券交易为主的；三是上海证券交易所的"证券"直接翻译成英文也应该是"Securities"。最终领导采纳了我的建议。我真心期望上交所能在日后成长为全方位覆盖各类金融业务的综合性交易机构，而非局限于股票交易。选择"Securities"也是表明了上海国际金融中心的大格局、高目标。遗憾的是，这个名称并未能延续下去，两年多后，上海证券交易所的英文名称改为了"Shanghai Stock Exchange"，并写入了上海证券交易所章程中。不过，如此改动后，上交所的英文名称缩写还是"SSE"，也算是一件趣事。另外，我还记得上交所那工整漂亮的所名题书，是出自上海市老市长汪道涵同志手笔，汪道涵同志是上海改革开放最早的倡导者之一，由他给上交所题字再恰当不过了。

在上交所的筹建过程当中，其实有很多的小花絮、小故事，例如，当时交易所场内的红马甲、黄马甲是怎么考虑的？当时按照分工，这事归尉文渊管，他定的场内工作人员应穿统一标志服装，为了便于区别，券商派驻场内的交易员穿红马甲，交易所在场内的工作人员穿黄马甲。他去香港考察前来找我帮忙挑选面料，早点把马甲定下来。我托人找了上海第五毛纺织厂，

1990年12月19日，上海证券交易所开业当日的交易大厅

和筹备组的章玲一起去选面料，最后我们看中了一种质感比较好的单面华达呢面料，这个面料厚实挺括。黄色比较鲜亮，红色相对黯淡，于是我们俩建议交易员穿黄马甲，工作人员穿红马甲。尉文渊不同意换，因为交易大厅的地面准备铺上红地毯，众多交易员穿上红马甲会比较协调，黄马甲则在柜台里起到点缀作用，这样氛围比较亮丽和谐。

　　上交所的筹建工作基本结束时，11月的一天，人民银行上海市分行的分管副行长罗时林找我谈话，说行长室讨论决定了，尉文渊留在交易所，我回人民银行金管处工作。事后我和尉文渊说了此事，他说他去跟龚行长商量让我别走。我回答他："你别说了，罗行长已经明确是行长室决定的，再说也没用了。"当然，在自己倾注了大量心血和精力的交易所即将开业之际离开，似乎眼前的一切将要和自己无关，难免会有很多的不愿和不舍，但我还是服从组织安排，回到了人民银行。因为我们这代人基本上是"党叫干啥就干啥"，不会为了个人喜好或利益去讨价还价。唯一可以感到一些安慰的是，回人民银行干的还是自己钟爱的证券事业。1990年12月，我接替尉文渊担任了金融行政管理处副处长，直到1993年调任上海市证券管理办公室副主任。

　　亲身参与上交所筹建的一百多个日日夜夜，是我人生中的重要经历，深深地刻在了我的记忆深处，永远也抹不去。那段日子充满了激情和执着，贯穿着探索和创新，凝聚着智慧和勤奋。尽管没有休息日和夜生活，但我们是忙碌而充实的。在金融改革和市场建设中，看到一个个问题被解决、一个个难关被攻克，我们忙并快乐着，心中充满了成就感和自豪感。我们遇到了改革开放的好时代，使我们在改革实践中经受了锻炼，在锻炼磨砺中得到了成长。

与上交所再续前缘

　　可能也算是我与上交所缘分未尽吧。2012年6月，由于我在上海证监局局长的岗位上已任职九年有余，已超出领导干部在同一岗位上任期限制的证监会规定，所以证监会党委研究决定，将我交流到上交所任职。真没想到又能来到这个当初我参与筹建的地方再续前缘。这一次，我担任上交所党委副书记、监事会筹备组组长。有意思的是，我两次到上交所都是筹备组。刚报到时，证监会就组织各交易所、登记公司等相关单位领导进行培训。会议邀请了相关上市公司、香港交易所、工商银行等介绍董事会、监事会的相关职责及工作经验。在培训班上，领导还要求我发言谈体会，一时间，我感到肩上再次挑起了一副沉甸甸的担子，因为此前交易所是事业单位，未设立监事会（上交所1993年以后未再设监事会），我们又要做前人未做过的事情了，又有改革的新责任了。

"工欲善其事，必先利其器。"我刚到任时决定不着急开展具体工作，而是先学习取经。为此，我请上海证监局推荐了素来表现优秀的上市公司交通银行监事会，上门去听他们"授业解惑"，还主动联系了券商行业的海通证券公司监事会以及同为事业单位的航天研究院监事会，请他们为我指点迷津。

摆在我面前的第一个难题是事业单位设立监事会的依据是什么？好在从航天研究院监事长曲雁的介绍中了解到，国务院在关于事业单位改革的文件中明确了事业单位可以试点设立监事会。交易所是会员制，也是事业单位，应该也适用国务院文件中"可以试点设立监事会"这一条。如果可以，我们就有了设立上交所监事会的依据。第二个难题是监事会通过什么程序产生？上交所在机构设置上，会员大会等于是股东大会，理事会相当于董事会，按理应该由会员大会讨论决定设立监事会，但实际上此前已经十多年没有开过上交所会员大会了，没办法专门为这件事开一次会员大会。而监事会本身又是负责监督理事会的，因此，理事会也无权决定设立监事会。几经思考，最后我想了一个折中的办法——用党委会决议来设立监事会，发挥党组织的作用。我先后多次向交易所党委书记兼理事长桂敏杰同志汇报商量并得到他的支持。

随后，证监会分管副主席召集上海证券交易所、深圳证券交易所、上海期货交易所、大连商品交易所和郑州商品交易所等五家会员制交易所监事会筹备组负责人会议，专题研究会员制交易所监事会如何设立的问题。在会上，我谈了会员制交易所可作为事业单位依据国务院文件试点设立监事会，以及用党委会替代会员大会设立程序的想法建议，得到了证监会领导的首肯。不久，我们便收到证监会人事教育部转来的国务院相关文件。

接下来就开始设计监事会设置方案和确定监事人选。按照我们设计的监事会方案，上交所监事会共有五位监事，其中三位外部监事，两位内部监事。外部监事中，证监会指派的除了我之外，还有一位不常驻交易所的外部监事，是四川证监局原副局长李可，另一位外部监事则从上交所会员中产生，是国泰君安证券总经理陈耿。两位内部监事是董国群和宋洪流，由内部职工代表大会选举产生。

监事会筹备组将筹备情况及监事人选报告了上交所党委会和证监会。上交所党委会讨论后顺利通过，并报经证监会党委同意。2013年4月9日，上交所监事会宣告成立并召开第一届监事会第一次会议，我担任了第一届监事长并干到退休年龄卸任。

上交所监事会是证监会系统会员制事业单位中成立的第一家监事会，上交所又一次开创了一个积极的改革先例。

上交所监事会的设立，进一步完善了交易所的治理结构，为交易所今后进一步深化改革打下了坚实的基础。

今天的上交所已非昔日可比；无论是其筹资额、交易量还是总市值都排在了国际交易所的前列。上交所正朝着市场化、法制化、国际化的方向不断迈进，为全面深化中国资本市场改革、支持上海国际金融中心建设发挥着越来越重要的作用。我为自己能在此作出一点贡献而深感自豪和欣慰。

2013年4月9日，上海证券交易所第一届监事会成立大会
（桂敏杰：左四；黄红元：右四；张宁：左三）

B 股市场的历史作用

B 股市场的诞生和发展有着重要的历史和现实意义。在浦东开发开放的初期，1992 年 3 月，国务院第二次给予浦东开发开放的政策中明确，给上海发行股票 1 亿元人民币额度和 1 亿美元额度。这美元额度就是 B 股额度，在当年外资匮乏的情况下，通过 B 股市场引进外资，对当时的浦东开发开放、对上海的证券市场建设和经济发展、对中国的对外开放都起到了一定的积极作用。

客观上 B 股市场为企业发展、浦东开发及经济发展筹集了外汇资金，为解决当时市场发展中的现实问题和遗留问题开辟了新路径，也为我国证券市场向市场化、国际化方向发展起到了一定的推动作用。

B股市场起步发展

B股的正式名称是人民币特种股票，它是以人民币标明面值，最初限定于境外投资者，以外币认购和买卖，在中国境内证券交易所上市交易的外资股。它的特点是既认钱（上交所用美元，深交所用港币），又认人（境外机构或自然人）。B股市场开始于1991年末。1990年底，我遵从行长室决定，回到了人民银行上海市分行，同年12月我接替尉文渊担任了金融行政管理处副处长，分管证券市场管理。

1991年初，上市公司上海真空电子股份有限公司想要进口设备，向金管处提出来能不能筹集外汇，开始我们的建议是可以发行外债，但是他们不想走外债这条路，因为借外债要还本，还要付息，而发行股票则不需要还本，特别是进口设备生产的产品主要是内销，没有那么多的外汇来源用于归还外债，所以他们想发行能筹到外汇的股票。企业有这样的需求，能不能做呢？我们研究了境外发行债券和股票的区别：境外发债算是外债，有一个国家外债规模管理的问题，对外发行股票则没有规模管理问题；发债需要还本付息，对企业来说成本相对高一些，如果发股票则无须还本，可以长期使用这笔外汇资金，只需每年以外汇支付红利即可。所以，我们研究下来发行股票确实对企业有一定的好处。但是难题来了，这种筹集外汇的股票到底怎么设计？它到底是什么股票，是人民币的股票还是外币的股票？我们还需要进一步研究。我们初步考虑了几种方案，第一种方案是用人民币标明面值，境外投资者用人民币购买、交易，发行公司筹资以后以人民币兑换成美元使用及分红。其实，这种就相当于现在的合格境外机构投资者（Qualified Foreign Institutional Investor，QFII）的做法。这种方案的好处是与现有人民币股票一致，不利之处在于未解决发行公司当时需要外汇的问题，同时发行公司和投资者都需要货币兑换，那时汇率波动也比较大，双方都要承担汇率风险及汇兑损益，特别是发行公司还未能解决用汇需经层层审批的问题。第二种方案是股票面值、境外投资者用于买卖和发行公司使用的币种都用外币，这方案看上去简单，但仔细推敲也有问题，一个公司的股份用两种不同的货币，外资的股权占比怎么定？因为汇率是变动的，今后增资又会有问题。经多轮讨论，最后我们摒弃了这两种设想，采用第三种方案，即股票面值标记用人民币，股权占比就固定了；股票发行和交易以美元标价及买卖，进来的时候是美元，不用兑换成人民币。发行公司既可以直接筹集外汇并使用外汇采购海外设备，又不构成外债，还可以不用还，特别是使用外汇时不用再层层审批了。研究下来，这样做确实比借外债好处多。记得当时有些发展中国家由于借了大量外债，最后还债困难，形成债务危机，所以我们觉得这确实是规避外债危机的一种较好的方式。研究的时候我们把人民银行上海分行外汇管理处的同志也请来一起讨论，他们表示理解。之后我与外汇管理处阎小庆一起去总行分别向总行金融管理司和国家外汇管理局汇报，金融管理司没有太大的异议。到了外汇管理局可就没这么顺利了，一开始他们都不理解，也确实不能怪他们，因为他们对股票、债券不大熟悉。我们把设想在黑板上画来画去，反复跟他们讲外资股和外债的区别，外债是要还的，国家需要用一个外债额度控制它，控制不好就会出现债务危机，甚至是国家外债危机；而我们这是发行股票，股票是不用还的，外汇进来后可以直接去国外采购设备，不用先换外汇，唯一要拿出去的是公司每年的分红，如果公司不创汇的话，需要将人民币换成美元进行分红；股票买卖都是用美元交易，而且都是卖给外国人，从这个角度讲，是外国人之间用美元在买卖，一般不涉及汇率，即使有汇率风险也是由投资人自己承担，而不是由企业甚至是国家来承担。如此反反复复地解释，外管局的同志总算被我们说通了，最后也同意了。

1991年11月22日，人民银行总行和上海市政府联合发布了《上海市人民币特种股票管理办法》，这个办法由我主要执笔，因为我已执笔起草过《上海市证券交易管理办法》，掌握了一定的立法技巧。第一章总则，开宗明义立法的宗旨、目的和服务对象；中间章节主要是发行、交易和机构管理的要点，最后是附则，共5章26条。总体层面上的法规一般不是非常具体，好处是不用经常修改，后面再出实施细则具体指导操作。同年11月25日，人民银行上海市分行出台了人民币特种股票（B股）的实施细则，更加细化，操作性更强了，共

20章54条。

人民银行上海市分行于1991年11月29日批准了国内第一家公司——上海真空电子器件股份有限公司发行B股。1992年2月21日，此B股在上交所率先挂牌上市。

1993年6月25日，第一任证监会主席刘鸿儒（前排右五）主持召开B股市场国际研讨会（张宁：前排左一）

利用B股市场解决现实和遗留问题

B股市场建立后，为解决当时我国A股市场中的一些现实问题和遗留问题创造了新机会，开辟了新路径。1992年，国务院给上海的A股额度只有1亿元人民币，实在无法满足邓小平同志南方谈话激发出来的企业改制发行上市的积极性和需求，怎么办？为了能让更多的公司发行上市，我们的解决办法是，对发行较早、规模较小的公司发行社会公众股（A股）及社会法人股，对规模较大、境外投资者感兴趣的公司，则发行社会公众股（A股）和B股，而且B股额度相对于A股会更多，因为按照当时的汇率计算，1亿美元相当于8亿多元人民币的额度。就这样来达到"公开发行股数占总股本25%以上"或者"10%以上"的交易所上市条件。

　　现实问题解决了，但过段时间解决了的问题又可能变成遗留问题，而B股市场又为解决当时A股市场的遗留问题带来新的机会和方法。上海大众出租汽车股份有限公司（以下简称"大众出租"）经人民银行上海市分行批准于1992年发行上市，当时受额度限制，大众出租只获得1 000万元（100万股，每股10元）的A股额度，以及2 500万元（250万股）的B股额度，同时还发行了1 000万元（100万股）社会法人股。但是，后来由于各种原因，社会法人股一直未能上市流通。两年后，大众出租董事长杨国平找到市证管办，提出要将1 000万元社会法人股转成B股，也就是将存量社会法人股二次发售给境外投资者。经过反复商议并听取境外券商和投资人的意见，我们认为是可行的，而且还有利于B股流动性的提高。经市证管会同意，并报中国证监会备案，1994年6月，上海市证券管理办公室批复同意大众出租1 000万元社会法人股转B股的尝试，并且获得成功。紧随其后，上海柴油机股份有限公司也成功地将1 000万元社会法人股转成了B股。这样，既解决了法人股长期无法流通的问题，也满足了B股投资人的投资需求，提高了B股市场的流动性。

1994年6月30日，上海大众出租汽车股份有限公司法人股转B股承销
签约仪式（张宁：右五）

　　另一个利用B股市场解决现实和遗留问题的典型案例是上海陆家嘴金融贸易区开发股份有限公司（下称"陆家嘴公司"）。陆家嘴公司经人民银行上海市分行批准，于1992年5月发行股票，发行后总股本为71 500万股，其中，国有股67 000万股，社会法人股3 000万股，公众个人股1 500万股。也是由于A股额度不足的原因，公众股即使算上社会法人股也只占总股本的6.29%。因此，陆家嘴公司申请上市时遇到了现实问题，达不到"公众股占总股本10%"的最低上市条件。最后我们研究商议出一个解决办法，经市证管会同意、市证管办批准，将3 000万股国有股以高出发行价0.10元的2.90元作为转让价，转让给了公众老股东。国有股转让后，才使公众股4 500万股加上法人股3 000万股达到占总股本10%的最低上市条件。公司股票终于在

1993年6月28日于上交所上市。

　　1993年12月29日《中华人民共和国公司法》颁布，1994年7月1日施行。《公司法》第152条对公司上市条件明确规定，"公司股本总额超过人民币四亿元的，其向社会公开发行股份的比例为百分之十五以上"。依据规定，陆家嘴公司不符合上市条件。怎么解决这个现实问题？经过认真地充分准备，大概是8月份，我和证管办同事应约来到坐落在陆家嘴的公司办公地，与公司董事长王安德等人以及万国证券相关人员一起商议解决方案。一开始公司提出发行B股2亿股，既解决园区土地开发"七通一平"中的资金需求，也满足上市条件。但若增加近28%的股本，将会使利润摊薄，会影响B股发行价格，并且筹集不了多少资金。怎么办？由于我在《公司法》起草过程中就曾参与过讨论，对《公司法》相对比较熟悉，也了解一些境外的公司法规定。我建议：能否回购公司国有股股份，10天内完成通知债权人、减资公告以及注销、减少股份等法定程序，然后再发行B股筹资，用于浦东开发，这样，在总股本不变的情况下，实际上是调整股权结构，在达到上市条件且利润不摊薄的情况下筹集资金。我建议的依据也是刚颁布的《公司法》，《公司法》第149条明确，"公司不得收购本公司的股票，但为减少公司资本注销股份……除外"。经过反复讨论推敲，大家都觉得这个方案可行。会后经过反复测算，公司打算以每股2元的价格回购20 000万股国家股。当时也有人说2元的回购价太低，但我不这么认为，因为当时是在股权分置的条件下，国有股既不能上市交易，没有市场价可以参考，也没有低于每股净资产。经过与相关各方反复协商，陆家嘴公司回购股份、再发B股的方案最终得到市证管会的同意。1994年10月30日，陆家嘴公司临时股东大会决议通过了公司回购国有股的方案，公司以40 000万元资金回购了20 000万股国有股，并注销股份，国有股由64 000万股减为44 000万股，公司总股本由71 500万股减为51 500万股。陆家嘴公司由此成为国内第一家按照《公司法》协议回购本公司股份并注销的上市公司。

经市证管办批准，11月4日，陆家嘴公司以每股0.668美元的价格发行20 000万股B股，共筹资13 400万美元，合110 000万元人民币，并于11月22日在上交所上市交易。

陆家嘴公司这套回购20 000万国有股并注销股份、再发行

1994年11月，上海陆家嘴金融贸易区开发股份有限公司
发行2亿元B股包销协议签约仪式（胡炜：中；张宁：左）

20 000万B股的方案，在总股本未变的情况下，既调整了股本结构，解决了不符合上市条件的历史遗留问题，又利用无流动性的国有股回购价与B股发行市场价的价格差，实际筹得7亿元的开发资金，还使没有流动性的国有股实现增值；与此同时，又为B股市场增加了一个受国际投资人青睐的优质上市公司。这一国内首单案例的成功运作，是方方面面共同努力的结果，我自己也很有成就感。

B股推动市场化、国际化方向发展

在电真空发行B股之前，我们从未在境外发行过股票，所以遇到很多问题和矛盾。在承销中有境内境外券商，审计师有境内境外会计师事务所，律师也有境内境外律师事务所，境外投资者并不熟悉中国经济、市场、公司及会计制度、法律规定等情况，而我们也不了解境外投资人的需求和境外市场的相关规定，因此，这个过程中产生了许多相互之间的不理解，无论是语言上的沟通或理解，还是对法律法规、会计准则以及市场规矩的理解，都存在很大的差异。随着市场的发展，各方的认识和理解不断深化，很多方面都在不断调整。

电真空B股是我们在境外发行的第一只股票，按照一开始的设计，由境内券商申银证券公司做主承销商，境外券商只能做分销商。为此境外券商反复向我们提出，因为境内券商在境外既无分支机构，也没有销售机构，只有极少部分的客户，所以在以境外投资者为主的境外发行中，境内券商的牵头、协调能力有限。后来，我们逐步接受了国际券商的建议，在主承销商以外，又增加了由境外券商担任的国际协调人，使境外的发行承销工作更加顺畅。

在B股发行价格确定方面，我们也根据境外券商和投资者的建议不断改进。开始时，B股发行价格都是按照人民银行（后来是证管办）确定的市盈率区间，结合公司的业绩情况来计算发行价，A股、B股都是这样。境外券商和投资人不断向我们反映，发行还会受宏观大背景、市场供求关系以及行业、企业特性等各种因素的影响，不能"一刀切"。后来，我们采纳了他们的意见。先由发行公司和券商了解投资人的大概意向，初步确定价格区间，然后通过国际巡回推介，按照国际上发行的通行方式进行询价后，再作最后的价格确定。我曾经在境外券商的会议室里，亲眼见到券商内部各部门从投资人和发行人不同的角度出发，为了一个B股的发行价格争吵不休，仅仅是为了0.10美元，最终因没有达成一致而取消了发行，然而过了几个月却以高于原先的价格成功发行了。所以，后来对B股的发行价格和发行时间等，我们基本上都不作干预，都是按照国际发行的惯例和方式进行，由市场供需双方来决定。从1995年开始，我们接受境外券商的建议，在发行中引入了国际上通行的Green Shoe (绿鞋)，即超额配售选择权制度，使B股发行更具灵活性，使发行价格更具稳定性。

1993年6月，上海市外高桥保税区开发股份有限公司在香港以公募、私募各50%的方式发行B股8 500万股。这是国内第一家在境外公募B股的公司。1993年12月30日，上海轮胎橡胶（集团）股份有限公司、上海二纺机股份有限公司，率先将各10万股B股折合1万份一级美国存托凭证（American Depository Receipt，ADR），分别进入上海证券中央登记结算公司的存托银行——花旗银行和纽约银行的专用账户，并以一级ADR形式在美国证券市场私募，这是中国B股公司首次以ADR形式进入美国市场。此后，多家B股公司先后建立了ADR计划，这有利于增加国际投资者对B股公司的了解，活跃B股市场，也使我们了解了ADR这个产品和制度。

B股市场在发展过程中，不断地引进和吸收国际通行做法，走国际化的道路，这也是B股市场存在的重要意义之一，它使得我们的市场越来越国际化，越来越跟国际市场接轨。曾有境外券商对我说，没想到你们中国已经市场化程度这么高了，我就问此话是什么意思？他说新加坡市场开放算是比较早的，但是新加坡公司发行股票时，不允许发行人自己确定发行价格，股票价格也是按市盈率，但必须由新加坡监管机构定，而不是听市场的，监管机构定什么市盈率，发行价格就必须按这个价格发行。由此他感慨地说："你们能够听市场的，由市场来决定发行价，真的非常不错，跟国际市场是一样的做法，比新加坡还开放。"

这是我们B股市场的进步，这种定价模式实际上对市场价格稳定是非常有好处的，这也给我们国内券商向境外券商学习提供了宝贵的机会。这些都是B股市场给我们带来的一些与国际惯例接轨的做法和收获，使我们的市场朝着国际化、市场化的方向不断发展，这对于中国资本市场的发展有着重要的积极意义。

在B股市场的发展过程中，我们对国际惯例的引进是比较多的，比如会计制度，中国资本市场的会计制度及信息披露在不断地改进并趋于国际化，国际投资人越来越看得懂了，这与B股市场的发展也是分不开的。因为在B股市场开始的时候，我们国家的会计制度与国际的差异较大，当时会计师事务所做B股审计业务时，我们要求会计师事务所在出具审计报告时，如遇我国会计准则与国际会计准则不一样的，要把不一样的地方说清楚并告诉投资人不同在哪里以及为什么不同，所以在此过程中，B股的审计报告中引进了一些国际会计准则的做法。例如，上海的新锦江股份有限公司是一家B股上市公司，当时上市的公司是新锦江大酒店，这个单体酒店的那栋楼是它的主要资产，按照国内会计准则，大楼需要计提折旧，那它的利润除了还贷就被折旧提得差不多了，但是按照国际会计准则，楼是不提折旧的，因此，提与不提折旧，利润差异非常大。从这个角度讲，公司审计报告应该叙述清楚，按照国内会计准则是如何计算利润，按照国际会计准则如何计算利润，让国际投资人能够理解。类似这样的情况比较多，我国的会计准则与国际会计准则有很多不同。通过B股市场的发展，一方面，国内与国际会计准则的不同可以让国际投资人更多了解；另一方面，也促进了国内会计准则不断向国际靠拢，与国际接轨。这是B股市场带来的一大益处。

B股市场的发展促进了中国市场的不断改进和提高，比如，促进交易所交易清算方式的改进和效率的提高。最初，B股的交易结算是$T+7$，因为B股涉及境内和境外银行的二级资金清算，所以结算期长。当时国际上的最高标准是$T+3$，上交所就不断改进，按照国际标准达到了$T+3$。上交所改进到后来A股结算已经可以达到$T+0$，全世界最先进，但我们没有使用，因为$T+0$也会带来其他的副作用。但是，由此促进了我们交易所在交易结算系统方面的改进和提高，其作用毋庸置疑。

B股市场还有一个特点，我认为它是一个真正意义上的美元离岸资本市场。为什么这样讲呢？因为它交易结算的是美元，参与交易的人是外国人，却是在中国的市场交易。虽计价是人民币，但实际上它交易的价格和结算都是用美元，从这个角度来讲，等于是一个美元市场，但是它离岸了，不在美国，而是在美国之外的中国市场，所以它是一个离岸的美元市场，而且是一个资本市场。2001年2月，B股市场向国内投资者开放后，它就不是离岸美元市场了，因为不是纯外国人带外资在中国投资，变成中国人拿着外资在中国市场投资为主了。

B股市场有其历史意义和作用，走到今天它遇到了一定的难度，合格境外机构投资者（QFII）开放度提高，出现了沪港通、深港通以及沪伦通，等等，面对A股市场的深度开放，B股市场到底该怎么办？怎么走？我认为，如果一步走有难度，可以分步走、分散走，相信总有一天我们能够把它理顺，这主要依赖于后面的市场参与者和监管者的智慧了。我们那时候运用各种智慧建立和发展B股市场，目的在于，要在夹缝中吸引更多的外资，把中国的市场建起来，运用各种各样的渠道，让中国的企业能够在中国资本市场利用外资发展，但是，我们当时的认识是有局限性的。所以我们要靠现在的市场参与者和监管者的智慧来解决市场的现实问题和遗留问题，进一步提高中国资本市场国际化、市场化、规范化的程度，使得中国资本市场能够在经济发展和转型中发挥更大更好的作用。

首批证券律师上岗

　　1992年，中国的证券事业正处于开拓期，这个领域中还有许多规范、标准有待设置。没有规矩，不成方圆，在一个新兴领域萌芽起步的时候，不能光考虑"猛冲猛打"，更重要的是走的方向准、路子对、步子稳。如何在推动证券市场快速发展、证券行业迅速成长的同时，能够避免野蛮生长，这也是我一直思考的问题。通过学习与借鉴许多国外证券市场发展的先进经验，我感觉到在中国证券市场的发展中还缺少熟悉证券业务的专业律师来帮助规范证券发行和交易行为，因此，我萌生了通过培养优秀的专业证券律师，来保障中国证券市场健康发展的想法。

　　那时，还在人民银行工作的我开始想方设法推进此事。时任上海市司法局律师管理处处长是江宪法同志，我主动上门去找他商议。我向他提出，我们中国当前缺少证券方面的专业律师，在海外证券实务中，改制、发行、上市等多个阶段和环节、文件起草等多项工作中，都有专业的律师参与。证券业务的规范化不能完全依赖政府的行政监督，也要考虑发挥市场的自查功能，国外律师在这方面一直发挥着重要的作用。相较而言，我们国内律师参与证券业务很少，即使是B股业务也主要是境外律师事务所和律师参与，我国证券市场的发展对专业证券律师的需求其实非常迫切。有鉴于此，我向他提议，能否一起推进证券律师人才队伍的培养建设。江宪法处长对此表示赞同。我建议证券业务律师收费要3万元打底，他也同意了。那时律师收费3万元真不算低。1993年1月，司法部和证监会共同发布了《关于从事证券法律业务律师及律师事务所资格确认的暂行规定》，我们趁热打铁，向证监会争取组织培训首批证券专业律师。1993年3、4月份，上海18位律师和6家律师事务所被遴选为第一批证券律师及律师事务所，入选数量在全国名列前茅。记得第一次为这18名证券律师进行证券市场业务培训是在上海市中山西路1538号的律师会堂，在江宪法处长的引荐下，我结识了上海首批证券律师，其中有著名资深老律师傅玄杰、毛柏根，中年律师朱洪超、江宪，青年律师李骐、李志强等。他们希望我分享如何当好一名证券律师，如何开展证券法律业务。我并不是法律科班出身，但我长期以来的金融实践，特别是证券方面立法、执法的实践，使我逐渐学会用法治思维和法治理念去思考解决问题。在培训会上我给他们建议，对申请上市的企业如何进行法律文件的审核和法律问题的验证，律师起码应该关注三个主要问题：一是拟上市公司的章程是否合法合规；

二是拟上市公司正在履行的重大合同是否合法有效，是否存在导致法律风险的障碍；三是拟上市公司是否存在尚未了结的重大诉讼和仲裁及行政处罚等事项。这对获准参与证券市场法律服务的律师很有帮助，有的律师告诉我，他们至今还保留着当时听课的笔记。这18位第一批证券律师后来都成为资本市场法律服务的佼佼者。之后，证监会发布了一系列规范律师专业服务的格式文件和指引规范，律师执业逐步有法可依。经过数十年的发展，上海证券市场在规范中发展、在发展中规范，这其中律师等社会中介机构专业人士的"看门人"作用功不可没。

　　上海在中国资本市场建设中一直扮演着开拓者和试验田的角色。中国第一只人民币特种股票（B股）在上海诞生，随着人民币特种股票发行的密度提升，其中的法律问题也引发了关注。记得1994年的一天，当时不到30岁的李志强律师拜访我，他告诉我，在担任上海自动化仪表股份有限公司人民币特种股票发行法律顾问时，发现《承销协议》存在法律瑕疵，他认为，协议双方的一方是作为发行人的中国公司，另一方是作为主承销商的中国券商，双方都是中国法人，两家中国法人签订的协议应当适用中国内地法律，而不应当适用中国香港法律。当时，香港还没有回归，香港法律和内地法律的制度和规则是不同的，但在上海自动化仪表股份有限公司之前，所有B股发行的《承销协议》几乎都是适用香港法律。看到李志强律师十分认真而且拿出相关理据文案，我被他认真办案的职业精神所打动，我说，"你们证券律师就是要为证券市场把好法律关和入口关，B股的

《承销协议》确实是应该适用中国内地法律"。有关《承销协议》的法律适用问题就这样迎刃而解了。

2002年11月国务院取消了从事证券业务律师及律师事务所的资格审批以后，意味着所有的律师都可以从事证券法律事务服务了。为了提高广大律师从事证券业务的水平和能力，上海市律师协会联合上海律师学院和金茂凯德律师事务所于2009年6月举办了《资本市场律师实务》研修班，共有学员606名。在上海交通大学医学院大礼堂举办的开班式上，主办单位邀请我作第一讲。给这么多沪上大律师讲课还是第一次，我做了精心准备，制作了PPT，时任上海市司法局副局长刘忠定和具体张罗负责研修班的李志强律师等都参加了开班式。培训班结束后，学员们反映证监局局长亲自授课，并结合长期监管实践阐述律师在证券市场中的重要作用，记忆深刻。606名学员中不少人成为新时代资本市场法律服务和法治建设的主力军。

资本市场的健康运行离不开律师事务所等社会中介组织的辛勤劳动。同证券公司、会计师事务所等其他社会中介组织一样，律师和律师事务所作为"看门人"，为我国资本市场的健康发展作出了不可磨灭的历史功绩，同时，资本市场的长足发展培育了一批批专业律师和专业律师事务所，他们也是推动我国资本市场继续前行的一支重要力量。

早期的新股发行与认购

　　历数往事，20世纪90年代初新股发行企业的选择与股票认购证的发行无疑是上海股票市场上的一块里程碑。这两个重要举措相辅相成，既有力地提升了沪上股市的深度、广度，为广大投资者提供更多优质投资选择，又在当时"股票资源"短缺、投资热情空前高涨的环境下，有效地保障了发行时的市场秩序和社会秩序，从而使上海证券市场健康发展迈出了扎实、规范、有序的新一步。

　　时间回到1984年底，第一只股票上海飞乐音响公开发行开始，直到1991年，公开发行股票的公司并不多，而且，所有的股票认购都是排队购买。随着股票认购者热情不断高涨，发行认购地点从证券营业场所换到体育馆，还是难以满足认购的场地需求。记得有一次发行当日，我按照原定发售时间8点前来到静安体育馆，却发现没有人，问了工商银行信托公司静安业务部才知道，由于购买者前一天隔夜排队，凌晨时出现拥挤，维持秩序的公安部门提出安全问题谁能负责？结果，为了安全起见，只能凌晨5点开始发售，才避免了一场潜在的风险。

尤其是，1991年8月21日兴业房产发行认购新股时，发售日前两天在发售地上海江湾体育场就已经排起长队。而发行时，则因为人数众多，争相购买，拥挤不堪，现场秩序一度混乱。接下来发行的公司又尝试改变发行认购方式，以解决拥挤问题。1991年12月8日浦东大众发行股票时，将直接发售股票改为向认购者发放购股券，然后凭购股券按认购方法申购股票，这样可以缩短排队领券的时间。发放购股券应在上午8点开始，但是认购的市民从前一天就开始排队，人山人海，以致上海江湾体育场的铁门也被挤塌，还有人受了伤。这给管理层敲响了警钟，排队问题是股票发行认购中最大的安全隐患，这个问题不解决，终有一天股票发行认购会出安全大事。

同时，上交所成立后的一年多时间内，上市的还是只有"老八股"这几只股票，供不应求。因此，扩充市场发行的供应量成了当务之急。当时许多公司发行上市的积极性都非常高，面对1992年将有10多只新股等待发行的情况，受上一年浦东大众先发购股券再认购股票做法的启发，当时我作为负责管理股票市场的金管处副处长，着手研究股票发行认购的方法。我们听取了证券公司、工商银行储蓄处等各方面意见，又与政府相关部门商议，最后人民银行上海市分行决定发行一批股票认购证，投资者先买认购证，再凭认购证上的号码摇号中签后才能认购股票，以此达到公平、限流的目的。

1992年1月19日至2月1日，上海正式发行了第一批股票认购证。这项工作具体由我牵头负责。考虑到广大投资者高涨的投资热情，购买认购证的人数难以预计，吸取以前发行股票时排队认购、人多拥挤的教训，我认为不宜限量发售认购证，以免再出现大量群众连续几天几夜拥挤排长队，最后却"无功而返"的状况，甚至引发安全问题和社会矛盾加剧的情况。但是，还是应当限定认购时间，限制的时间又不能太短，短了同样会引发排长龙的拥挤风险。最后我们再根据认购证发售数量及股票发行数量算出中签率。所以我们最后提出：可以考虑采用在限定时间内无限量发售股票认购证，投资者现金购买认购证，然后摇号中签认购股票的方式。

这种做法实际就是一种敞开供应、投资者随意购买认购证、避免引发人为认购紧张的发售方式。记得当时我与来上海出差的深圳市人民银行证券管理处副处长周道志专门讨论过此事。我们的意见基本一致，唯一的分歧在于认购证发售是否应该限量。因为有了上一年兴业房产股票发售和浦东大众购股券发放的教训，我认为不应该限量，限量仍会引起排队和安全隐患。而他则认为：如果限量发行，成本可控，这也是市领导的意思。最后，经人民银行上海市分行反复研究、市政府相关部门会议讨论和市相关领导的同意，上海采用了两周内无限量发售股票认购证的方法，认购证每张30元，在上海所有的证券网点和工商银行营业网点发售。为了保证股票认购证发售工作顺利完成，对于认购证具体发售方案，我与管理分销和摇号抽签的工商银行储蓄处处长束俊良等同志又反复商量、推敲和演练。最终1992年上海市股票认购证平稳顺利地向社会公开发售了207.7万份并公开摇号。这一年，上海首次认购证发售的数量并不多，可能是有多方面的原因。无限量发售使得谁都无法确定认购证能发售出多少张，最后的股票中签率会是多少，能否盈利更说不准，这些不确定性使得更多的人在"观望"。另外，相对于当时市民的收入来说，每张30元的认购证价格偏高。但实际上上海1992年股票认购证经过多次摇号，中签率是很高的，盈利率也很高。同年8月，深圳股票认购证发售过程中发生了"8·10"事件，我觉得这与限量发售认购证有一定的关系，当然还有其他原因。

由于股票认购证都需要通过摇号来确定是否中签，中签之后才能有权购买相应的股票。第一批认购证抽签两次之后，由于中签率比较高，市面上出现了认购证的"黑市"交易，价格较高。上海市证券管理委员会开会研究并决定，这批认购证不再用于下次抽签，既为其他未能购买第一批股票认购证的市民留出获得认购股票的机会，也可遏制认购证"黑市"交易，从而保障股票认购中的公平和秩序。

然而，此时发生了一段小插曲：当时的人民银行上海市分行某领导会后在接受媒体采访时说认购证可继续有效地进行抽签。此言一出，认购证在黑市上的价格一夜暴涨，瞬间成了"金元宝"。后来，在市证管会的协调下，这位领导随后在电视上对自己此前发布的消息进行了更正。经此折腾，那些黑市买家损失惨重。

尽管存在一些小曲折，但上海的1992年第一次股票认购证发售及股票发行总体稳中有序地完成了。多年的资本市场经验使我一开始就非常看好认购证的市场潜力。当时我曾对一些举棋不定的投资者表示："你们别担心，要相信认购证措施的合理性，不会让投资人吃亏。这只是为了解决股票认购排队拥挤的问题。"与此同时，我自己则按照分行领导的要求，坚决不触碰任何购买认购证的事情。曾经有人将两张中签的认购证送到我面前，我的回应很简单："不收，请回。"

用一句现在的话来说，"既当裁判员，又当运动员"是大

1992年上海股票认购证

忌。身为主持发行的管理机关的干部，越是关键时刻，越是要忍得住诱惑，经得起考验，守得住底线。

1992年深圳的"8·10"事件在一定程度上促使国家加快

了金融管理体制改革、证券管理体系架构的重建。根据国发〔1992〕68号《国务院关于进一步加强证券市场宏观管理的通知》，1992年10月，国务院决定成立国务院证券委员会及其执行机构——中国证券监督管理委员会（简称"证监会"），作为专门的国家证券监管机构。国务院赋予中央有关部门部分证券监管的职责，形成了各部门共管的分散式管理的局面。股票发行、证券交易由证监会监管；人民银行监管证券经营机构、金融债券发行；计划委员会管理企业债券的发行额度；国债发行归财政部管理；上交所、深交所则归属于两地市政府管理。此变化导致了上海市证券管理办公室调整，并于1993年3月成为执行管理职能的机构，具体管理上交所、上海的1亿元人民币A股额度和1亿美元B股额度的股票发行以及证券机构的发行交易等业务运作。1993年3月，我和金管处市场科科长严旭一起"人随业务走"，离开了人民银行上海市分行。我调任上海市证券管理办公室副主任，严旭任证管办市场部负责人。

作为浦东开发开放的政策之一，1993年起，中央又给了上海1亿元人民币A股额度和1亿美元B股额度，再加上邓小平同志著名的南方谈话以后，更加激发了企业深化改革发展、进入股票市场筹资的热情。

到了1993年，上海的股票市场进一步发展，当年有20余家企业准备申请公开发行股票，其中不乏凤凰自行车、永久自行车等耳熟能详的响当当的品牌。

面对如此多想发行上市的申请者，我们既高兴又忐忑，心中最强烈的想法就是："额度有限，那么多的企业，资质不一，如何进行筛选？"经过反复讨论、研究，市证管会最终确定在程序上将1亿元人民币股票发行额度分给市政府各相关委办，由各委办选出行业中相对优质的企业，报给市证管办，由证管办根据确定的详细具体的考核指标进行初步筛选。然后，按照制定的《申请公开发行股票专家评审办法》邀请各方面有关专家，从企业生产经营状况与国家产业政策符合程度、营收指标、高新技术含量等方面出发，考察企业的具体资质、经济效益、社会效益，打出具体分值，从高到低筛选，力求优中选优。

此外，我们也强调应当特别关注申请发行股票的企业是否诚信、是否真实完整地披露信息资料。因此，制定公布了《申请公开发行股票公司的报送格式》，明确申请者报送材料标准的内容目录，涵盖了公司历史沿革、财务状况、运营情况等多方面信息，并且将"如实按规定披露申报信息"作为专家评审的一项基本考核指标加以考察，以此引导、提醒初涉证券市场的企业树立"诚信为本"的运作底线。

经过严格仔细地筛选和评审，最终确定了上海1993年公开发行股票的公司名单。第一批12家公司发行，共计公开发行2.16亿股；第二批19家公司发行，共计公开发行2.33亿股。接着，我们开始准备落实1993年面向社会公众发售股票的工作。

经历过1992年第一批认购证发售和股票发行后，上海民众对认购证产生了极大的热情，"翘首以盼"1993年认购证的到来。民众的热情越高涨，我们越不能懈怠。鉴于深圳"8·10"事件的深刻教训，1993年上海准备发售认购证时，如何保障发行工作的平稳有序，再次成为我们工作的重中之重。

在正式发行认购证前，"全局设计"是必不可少的基础。我与负责分销的工商银行储蓄处束俊良处长等有关同志反复商讨，包括怎么布点销售、如何摇号、如何计算等等，草拟了《1993年认购证发售办法》。在证管办杨祥海主任主持下，我们制定了《上海市1993年第一批股票发行工作方案》，对发行工作的日程安排、组织保证、有关纪律、舆论导向等都做了详细的统筹计划。在计划中，基本确定了如下内容：对于认购证发售，初定在7月份开始，当年发行两批认购证；认购证价格要控制在1992年认购证价格之下；只能由上海市人员购买（因1993年各地已有发行股票及购买的机会，上海人多，必须避免再现深圳"8·10"事件危机）；发售网点要多、发售时间要长；以及预售与门售方式相结合等。

方案拟订后，证管办将方案报市证管会领导审核。时任上海市分管副市长兼市证管会主任的徐匡迪同志亲自召集相关各方会议，讨论方案是否存在漏洞、发行过程细节预案是否做好、公安如何配合、发行具体时间周期，等等。为确保发行万无一失，会后，徐市长又带我们去市委开会，当时分管政法工作的市委副书记王力平同志主持会议，听了我们的详细汇报后，明确作出要求纪检部门也要参与此项工作的指示。最后，市证管会又将股票发行方案向市委书记和市长作了汇报。市委书记提出国有企业要规范，先转制后改制，先改制后上市；要严肃法纪，违法违规的行为该查处就要查处；新股发行要充分利用新闻媒体做到公开透明，公布办法并提醒投资者充分认识股票认购风险等。

可见，上海市委、市政府等各方面领导对发行认购证工作的每个细节都反复考虑，慎之又慎。1993年股票认购证发行坚守了几个重要原则：第一，认购证在规定期限内不限量发售，以免造成哄抢局面。第二，广铺点，各专业银行和证券经营机构的基层网点均可代理发售，预售与门售结合，避免人员过度集中导致现场秩序混乱。第三，严监管，对政府部门及证券经营机构均采取监督措施，市纪委、监察委制定了《关于股票发行工作中若干纪律问题的规定》。严禁政府工作人员以权谋私，"开后门""通关系"获取认购证；认购证发售期间上海市派出了150多位监察干部贯彻落实该规定。第四，严厉禁止、处罚倒卖、伪造等扰乱市场秩序的行为，防止出现地下黑市交易等破坏认购证发行的现象。

最终，1993年上海平稳发行了两批认购证。8月发售了1.8

1993年上海股票认购证申请表

亿多张,每张5元;10月发售了5.6亿多张,每张2元。通过各政府部门、证券经营机构及银行的规范运作,坚持公开透明、公平公正的原则底线,上海在1993年认购证发售过程中未发生一起治安案件或营私舞弊事件。自此,认购证发售工作圆满结束。能够参与这么一项富有历史意义的任务,并在其中贡献自己的微薄之力,我深感幸运。

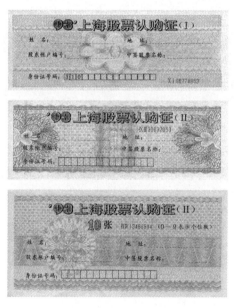

1993年上海股票认购证

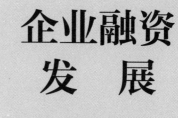

企业融资
发　展

飞乐音响首例增资

　　飞乐音响于1984年底首次公开发行股票，众所周知，它是中国改革开放后第一个公开发行股票的公司，但是，鲜为人知的是，它还是中国第一个将股息红利转为红股、同时将资本公积金转增股本、对投资人进行"无偿增资"的公司。红利转股和资本公积金转股作为上市公司的年终分配方案在如今证券市场上几乎已成为上市公司回馈投资者的标配之一，但是在三十多年前的1989年，这却是一个新生事物。

　　1988年，飞乐音响因生产发展需要资金，在第一次公开发行股票的三年后，想要增发股票。由于当年飞乐音响派发的股息红利高达15%，派发股息红利需要支付现金，一方面资金本来就不足，另一方面又要支付一大笔现金派息分红。于是公司打电话对我说，公司利润都已经用于扩大生产了，而1988年初还要支付一大笔现金给股东分红，实在是没有现金了，而且公司发展还需要继续投入资金，问有什么办法可以解决，是否可以再次发行股票？企业要发展，遇到现实问题和困难，自己又无法解决，我得想办法帮助他们解决问题。于是，我只能先做"功课"了。由于那时国内尚无公司法，甚至连公司方面的规章、办法都没有，我只能把以前起草相关法规时看过的旧中国公司法、中国台湾公司法等找出来，因为我印象里这其中有相关的部分，果然被我找到了，其中都有规定可以将股息红利转为股份，同时规定资本公积金也可以转为股份。那时我国大陆还没有《公司法》，但是中国台湾的公司法中有这样的规定，说明股息红利、资本公积金转股有存在的合理性和必要性，一般公司法可能都是允许的。那我们应该也是可以借鉴的。等到与飞乐音响公司总经理约见面谈时，我胸有成竹地告诉他有办法了。然后和他们一起共同出谋划策，商议增发的方案。

我向他们分析建议，将公司当年的红利转为股票，可以使本来需要支付的现金转作投资，不用再发放现金了，而是送股票给投资者；将公司历年的资本公积金转成股票送给投资者，可以让投资者无偿得到股票，而且你们给的是老股东，可以让他们多受益；如果资金确实仍不够，还可以同时再增发一些股票，让老股东以低于市场的价格购买，这样既可以解决公司发展资金所困，又可能会受到老股东欢迎。

他们听了我的建议后，喜出望外，认为这真是一个好办法。利用当年股息红利转红股，将历年资本公积金转增股票，再加上向老股东增发股票，将无偿增资与有偿增资相结合，整个增发方案就此确定。投资者只需拿出增发股票的那一部分钱，其余通过股息转红股和资本公积金转增股，就可以拿到增发的、市场短缺的、又低于市场价格的股票，何乐而不为？而飞乐音响公司也可以就此成功增发股票，获得公司发展所需资金。但是，由于这是改革开放以来开先河的第一单，当时中国大陆还没有《公司法》，没有执行这一方案的法律依据，所以公司面临无法进行账务处理并需要支付可观的税费问题。经过公司及各有关方面的运作，终于获得财政税务部门的理解，同意进行账务处理。1989年2月21日，经人民银行上海市分行金融行政管理处批准，飞乐音响在股东大会上通过了新中国首创的无偿增资与有偿增资相结合的分配和增资方案。在年终分红时，进行了股息红利转增股票和资本公积金转增股票，并向老股东同时现金配股，成功完成了增发股票，铸就了中国上市公司股息红利转股票、资本公积金转股票并同时向老股东配股的第一单。

东方明珠——文化上市第一股

东方明珠——这颗闪亮于世界东方的璀璨明珠，巍峨屹立在黄浦江畔浦东陆家嘴地区，与著名的具有百年历史的上海外滩遥相呼应。这座亚洲第一、世界第三的高塔，二十多年来，以其极具远见的经营决策、独具匠心的专业设计和精湛的建造工艺，成为上海最具标志性的文化地标之一。

东方明珠（集团）股份有限公司于1992年3月成立，它以旅游观光、文化休闲娱乐为基础，向媒体广告、对外投资等领域拓展，形成多元化经营的大格局，实现了产业结构的优化。1994年2月，东方明珠在上交所挂牌上市，成为中国第一家文化类上市公司，也是国内整个广电行业最早上市的公司。发展至今，东方明珠实现了巨大的品牌价值，连续被评为"上海市著名商标"，得到原国家工商总局认定的"中国驰名商标"之美誉。股票被列入上交所"180""50"指数样板股，名列中国最具发展潜力上市公司。经过二十多年的并购重组和发展，公司已涉足影视互娱、媒体网络、视频购物、文旅消费等多个领域，形成庞大的文化体系。至2018年末，公司总资产379.59亿元，净资产282.53亿元，实现营业收入136.34亿元，净利润20.15亿元，当之无愧地成为闪亮于世界东方的璀璨明珠。

20世纪70年代末80年代初，上海掀起第一波高楼建筑热，然而，高楼建起来了，但高楼里电视信号却不灵了，高楼越多，电视信号盲区越大，那时的上海还在使用建于1974年的210米高的上海电视台发射塔，因此，要造一座新的电视塔来改善上海居民收看电视的效果，成为当时上海市各级领导特别关注的问题。

1979年，在时任上海市市长汪道涵的关心下，上海市广播电视事业发展规划报广电部后，很快就收到了广电部关于做好上海广播电视事业的文件。1984年7月14日，上海市外经贸委发出了《关于同意中外合资（合作）经营400米广播电视塔及附属设施项目建议书的批复》，广播电视塔项目正式立项。

根据当时的估算，建造"东方明珠"广播电视塔一期工程的预算要7亿~9亿元人民币。从20世纪80年代起，中国大地上几乎所有高塔建设的资金全部都由国家拨款，而上海广播电视局的领导却作出了在政府给土地、给政策的基础上，采取自筹、自借、自还的方法解决建造"东方明珠"广播电视塔资金的大胆决定，领先一步开始完全不同于以往的全新文化产业运作模式探索。这种敢于创新的尝试需要极大的勇气，非同寻常。然而，如此庞大的费用全部依靠自筹资金解决，说起来容易，实现起来实在太难。当时上海广电的实力还不是很强，找了多方寻求投资，但最终都没有成功，负责此事的时任上海市广电局局长龚学平为此愁得头发都白了。山穷水尽之际，唯一的出路只剩下找银行贷款。那个年代向银行贷款可不是件容易的事，不像今天这个互联网产业兴起的时代，各种集资、融资手段层出不穷，那时候上海大兴土木，方方面面都要向银行贷款，而且贷款利息也相当高，"东方明珠"广播电视塔作为一个将来主要靠旅游门票收入的文化产业项目，还款能力有限，所以想要贷款就更不容易了。龚学平亲自上门，找到时任人民银行上海市分行行长龚浩成，希望能够贷款2个亿，龚浩成被龚学平诚恳的态度所打动，对于这样一个利国利民的好项目、好工程，他非常支持。

于是，由人民银行上海市分行牵头，组成一个包括工商银行、建设银行、交通银行、中国银行等44家银行和金融机构在内的银团，向东方明珠提供了1.5亿元人民币和1 000万美元的贷款，缓解了建造东方明珠塔的燃眉之急，使它终于能在1991年的7月30日奠基动工。

虽然银行贷款解决了建塔的部分资金，但资金缺口还是很大，后续资金的筹集问题仍像一座大山压在了龚学平的心头。这时候，一个千载难逢、稍纵即逝的机会来到了他的面前，那就是——东方明珠发行股票筹资。

1991年末，在上海金融界辞旧迎新的晚宴上，龚学平与邻座的时任上海市体改委副主任蒋铁柱闲聊得知，体改委现在手里还有几个改制的额度，按照当时的规定，企业能否改制由上海市体改委定，改制后能否公开发行股票、公开上市由人民银行上海市分行定。龚学平非常敏锐地抓住了这个机会，回去后立即组织人马挑灯夜战，硬是赶在12月26日晚上把公司申请改制的报告送到了蒋铁柱手上，总算挤上了末班车。从获悉信息到递交报告仅用了7天时间，事实证明，机会对每一个人都是公平的，但机会并不是永远存在的，这就需要有敏锐的目光和强烈的责任感、事业心。

申请改制上市的报告是交了，但接下来的工作却更加艰巨。当时公司改制发行上市在全国都是新生事物，大家都在实践中摸索，更何况文化领域尚未有人尝试过，这不是光凭一股子热情就能做好的。我当时在人民银行上海市分行金融行政管理处任副处长，分管资本市场，有幸参与了东方明珠上市这一历史性的过程，并在其中出谋划策，为东方明珠成功上市、从根本上解决东方明珠塔建设筹资问题起到了积极关键的作用。

1992年初春的一个早晨，分管副行长将我叫到办公室，给我一张会议通知，让我代表他到七重天宾馆参加一个关于东方明珠改制并公开发行股票的市政府协调会。我接过通知一看，上面所列的出席人员全都是各相关委办局的分管领导，连忙推辞："行长，人家请的是行长，我一个副处长去恐怕不太合适。"副行长说："没关系，我去了不表态恐怕不太好，还是你去。"我问："那到时候会上要我表态，我说些什么呢？"他回答说："你这次去只要带耳朵，不要带嘴巴，如果人家一定要你讲，你千万记住，让他们自己去做，关键是你不要教他们怎么去做……"

就这样，带着领导的嘱托，我非常尴尬地出席了这么一个对东方明珠至关重要的会议。

南京东路上的七重天宾馆是广电局所属最好的宾馆。当天，时任市政府副秘书长陈祥麟主持会议，市计委副主任裴静芝、市财政局副局长郁之聪、市体改办副主任蒋铁柱等相关委办局领导出席了会议，广电局龚学平局长带着局长助理、局财务处处长等参加了会议，我也在会场找了个不醒目的位置坐了下来。

会议开始后，龚学平代表广电局介绍了东方明珠广播电视塔的相关情况，并提出了两点意见：一是希望东方明珠尽快发行股票上市；二是股票的发行价打算定在每股50元。我一听，心里嘀咕，"这不是冲着人民银行、冲着我来的嘛"。

会上各方领导几乎都发了言，纷纷表示支持东方明珠上市，我秉承领导的要求，始终一声不吭。但是，按照当时的规定，股票能否上市是由人民银行来决定，这角色是非常重要的。终于，所有人都发言得差不多了，陈祥麟开始点名了："张宁，你谈谈，人民银行对此有什么意见。"刷的一下，大家的目光都集中到我身上。我斟酌了一下，谨慎地回答道："秘书长，对于公司想搞股份制是没问题的，发行股票这件事，人民银行也是支持的。但是，人民银行对于公司发行股票有具体规定，必须符合规定才行。第一，企业需要有一定的自有资金或资产作为发起人资本；第二，企业不得以银行贷款作为投资。"

一听这话龚学平急了，他噌地一下站起来说："我知道银行对我们是有些意见，张宁，你倒帮我们出出主意，怎么解决这些问题？"

对于东方明珠的情况，我在来参加协调会前，早就已经做好了功课，这是一个利国利民的好项目，如果运作得好不仅可以上市，对股民也可能会有丰厚的回报的，而且我知道老行长龚浩成、现任行长毛应梁对东方明珠都是非常关心支持的，虽然来之前分管副行长叮嘱不要教他们，但是我心里早已经有了主意，想好了应对的办法。我字斟句酌地问道："你们广电局是否有自有资金？譬如历年的利润留存。"

龚学平还未发声，财务处长抢着说："自有资金倒是有一些，可是每年都用光了，怎么会留着呢！"

实际上我知道，文化系统国家有免税政策，自有资金应该是不少的，但是每年他们都用于各项投资了，很少会留着现金。

"广电局下属企业、公司有些效益不是很不错吗？尤其是《每周广播电视报》，卖得那么火，这些下属企业总该会有一点自有资金吧？"我继续问道。

财务处长又抢着说："他们也用完了，谁还会留着啊……"

说到这里，话都被他一一堵死，我实在说不下去了，会场上一片静寂。片刻后，龚学平反应过来，刷的一下又站了起来，劈头盖脸对着财务处长一通批评："你这人怎么这么拎不清，人家已经教得这么清楚了，还瞎讲八讲，脑袋一点都不开窍，还问啥问，调调头啊！"

我非常诧异，龚学平怎么反应这么快！我当时还以为他是学经济的，事后才知道他是学新闻出身。学新闻的却有如此的经济头脑，我的这番点拨，搞财务的还没听明白，他却这么快就领悟到了解决问题的关键所在，实在令人佩服。我其实帮他们想的办法是：可以用贷款去把其他投资项目中的自有资金换出来，再把自有资金投入东方明珠，这问题不就解决了嘛。但是，这方法我不能明着教，否则我就是公然违背自己顶头上司的指示了。好在龚学平头脑灵活，很快明白了我的意思。

我连忙补充了一句："龚局长，我可什么都没有说啊……"

会场上一阵哄堂大笑。

龚学平回答："我们广电局下属这么多单位，有很多优质资产，自有资金很多，不会全部用完，还是能拿出来的，我们回去请会计师事务所的同志好好核算一下。"

我接着回答龚学平的第二个问题："关于股票发行价格的问题，今天这个会上无法讨论，因为公司还未经营，没有业绩，连任何数据都没有，比如说将来收入和利润哪里来，预测利润是多少等都不知道，所以现在没办法谈股票的发行价格问题。"

解决了自有资金这个大问题，协调会的主要目的已经达到，会议宣布结束，龚学平带着答案开开心心地回去部署下一步的工作。没过多久，招股说明书出来了，在"发行人投资的出资形式及资金来源"这一条上，明确由公司的四个发起人单位用固定资产和现金形式投资，并列明了资金来源。

会议结束的时候还有个小插曲，大家纷纷离场之际，裴静芝和陈祥麟悄悄地在一旁咬起了耳朵，我也没在意，收拾完东西正准备离开会场，这时候，陈祥麟喊住了我："张宁，你等一下再走。"我心里纳闷，还有啥事？于是我在一旁又坐了下来，等他们咬好耳朵，陈祥麟对我说："现在市里新成立了证券管理办公室，想调你过来，你愿不愿意？"当时的证管办是市政府证管会下属的协调机构，和后来我去的证管办职能完全不同。裴静芝当时是证管办的负责人，估计当时他们觉得我能够解决实际问题，还算是个人才，所以想调我过去。我当时完全没有心理准备，对证管办也不了解，于是我说先考虑考虑。回去后我一打听，该机构是一个主要以协调"务虚"为主的单位，而我在人民银行却是长期从事着资本市场管理实务工作，当时的我只想一心做些务实的事情，对"务虚"协调并不感兴趣。因此，后来有一次开会时碰到时任上海市计划委员会主任徐匡迪同志，他也询问我是否愿意去证管办，我委婉地拒绝了，并说明了我的想法和理由。为此若干年后，徐匡迪市长见到我还打趣道："当年要调张宁去证管办，'小姑娘'还不愿意呢。"

《公司法》规定，股份公司上市有两种设立方式，一种是发起设立，一种是募集设立。一般股份公司基本都是发起设立，而东方明珠是一家募集设立的公司。

既然是募集设立公司，那股票发行时必然要说明公司未来利润来源等情况，然而东方明珠塔还在建造过程中，显然两三年内不可能有收入和利润，没有利润，三年内怎么上市呢！正在公司一筹莫展之际，时任广电局局长助理叶志康来找我讨论，我又帮他们出了个主意：现在出租车行业很火爆，很多企业都在搞出租车赚钱，所谓车轮一转，财源滚滚，不如先成立一个出租车公司，投入小，回报快，当年就能有盈利。而且东方明珠塔作为在建工程，财务上不计成本也不提折旧，出租车公司的盈利就是纯利润，利润不计多少，我们的规定是连续三年都要盈利，但并未规定盈利多少，这样问题就解决了……

叶志康听了我的建议，大喜过望，"太好了！"马上向龚学平汇报，于是，他们采纳了我的意见，成立了东方明珠出租汽车公司。

问题一个接一个迎刃而解，眼见着离发行股票的目标越来越近，大家都喜上眉梢。又是一个春风拂面的日子，叶志康又到我办公室来和我商议东方明珠股票的发行价格。刚一坐定，便直奔主题。

他开门见山地讲："我们龚局长给我定了目标，发行价50元人民币每股（当时每股面值10元）。你看怎么办？"

我说："发行价是依据实际数据按市盈率计算的，首先要有利润，你还是拿数据说话吧。"

他说："现在出租车公司也成立了，当年就能有利润，三年后，东方明珠塔肯定运营了，也能产生利润。"

我说："买股票就是买未来，因此确定股票发行价，我们参照国外的概念和做法，现在一般是拿公司前两年的利润和后三年预测的利润相加，再取平均值以确定的市盈率计算，然后再……"

我随手拿过计算器，两个人就在办公桌前算开了，足足算了40分钟时间，算下来竟然是51元，我和他再次确认："你这些数据准吗？预测利润确定能达到？"

他说："这是我们必须达到的目标，数据不会错的，肯定准！"

"那股票的发行价应该是51元。"我笑眯眯地揭晓答案。

"真的？还多了1元！太好了！"他高兴地跳了起来。

事后，行长为此还埋怨我怎么给他们定这么高的发行价，我回答："这发行价不是我拍脑袋定的，是按照他们提供的预测利润和我们定的计算方法实际计算出来的，确实算出来就是这个价，我也没理由怀疑他们的数据，算出来多少就是多少，每家发行都是这样算的。"

于是东方明珠最终确定的发行价是每股51元人民币。不要小看这多出来的1元，按照当时东方明珠向社会法人和社会个人招股发行400万股计，那就是整整400万元！比公司预计的多募集了400万元，在当时东方明珠塔建设资金极度紧缺的情况下，何等宝贵！公司上上下下为此非常高兴。

1992年5月25日，上海东方明珠股份有限公司正式向社会公布了招股说明书，宣告东方明珠从此揭开了崭新的一页。1992年8月8日，东方明珠股份有限公司挂牌，同时挂牌的还有东方明珠出租汽车公司，200辆出租汽车一字排开，蔚为壮观。

东方明珠由于是第一家募集设立的公司，对于预测利润是否能实现，当时很多投资者抱着半信半疑的态度，不像其他发起设立的公司，过去几年的利润就真金白银摆在那儿，比较容易判断。因此，它的发行认购相对来说比较困难。龚学平又出了一招，在广电局发了200万股的内部职工股，由内部职工认购。不得不承认龚学平确实有独到的战略眼光和非凡的气魄，不到三年，东方明珠不负投资人和大家的期望，交出了一份满意的答卷，实现了所有的预期利润，于1994年4月24日在上交所正式挂牌，顺利上市，广电系统的职工也人人发了一笔小财。

东方明珠，这颗镶嵌在上海黄浦江畔的明珠，在全国千余家上市公司中熠熠发光，成为一颗光彩夺目的璀璨明珠。

东方明珠不是一个传统意义上的企业，它靠贷款建塔，靠发行股票成立公司，并在短短两年中顺利上市，公司上市后盈利相当不错，在当时全国唯此一家，这是资本市场一个成功的典范。有一次，时任证监会法律部主任桂敏杰到上海调研，他当时刚从国务院法制办调入证监会不久，他对我说："张宁，我把全国所有上市公司都梳理了一遍，发现上海有一家非常有特点的公司，就是东方明珠，它是《公司法》生效后到目前为止中国唯一一家募集设立、并在三年内上市的公司，非常典型。"在此过程中，我非常幸运能参与其中，建言献策，从市场管理者的角度，为推动中国资本市场发展不遗余力，为上海东方明珠塔建设添砖加瓦。通过东方明珠的上市，我的娴熟业务和果敢个性，使龚学平记住了我，也认同了我，我成了他心中名副其实的金融专家。他在担任副市长和市委副书记期间，碰到类似的问题，他经常会讲："这件事可以找张宁帮忙，请她出出主意，她是金融专家……"

　　作为证券市场的监管者和执法者，多年来我始终笃守一个原则，那就是既要有提出问题的能力，更要有解决问题的智慧。我常对下属们说，不管是上市公司还是证券经营机构找我们，我们作为执法者，首先不能以一句"不可以、办不到"就把人家打发走，必须和他们说清楚不符合法律法规的哪一条哪一款，以免他们再犯类似错误；其次，要力求更进一步指导他们正确的做法是什么，毕竟我们是专业的，而人家都是第一次，告诉人家该怎么做，可以尽量让人家少跑冤枉路、少做冤枉事，这也是一种规范。其实，真正做到这些并不容易，它要求我们既要熟悉国家的法律法规，又要有娴熟的专业知识和业务能力。除此之外，最关键的是要有积极主动的服务态度、时刻为企业为公众着想的工作态度。这么多年来，我很高兴自己以身作则，身体力行，做到了这点。

中国第一单 B 股可转债

可转换债券（简称可转债），指的是一种公司债券，购买并持有该类债券的人能够在某一规定期限内，按照一定价格、转换比例等条件，将持有的可转债转化为一定份额的该公司股票。这种亦债亦股的金融产品为投资者提供了把握机遇的选择权，但要求投资者考虑公司发展业绩、债券金额、债券利率、转换期限及转换价格等一系列因素。当一位投资者并不确信目标公司的经营实际情况、未来发展潜力时，可以先不急于购买股票，而是购买该公司的可转债，以观后效。如果公司商业运作良好，利润可观，其股票价格预计上涨时，投资者就可以抓住机会将债券转化为股票，从而获取更丰厚的回报；反之，投资者则可以选择不转换，保持较为稳健的债券收益。正因为具有选择权，故此类债券的利率相对较低，鉴于此种灵活的机制设计，这种债券往往比较容易获得投资者的欢迎。

时间回到1993年，可转换债券对于绝大多数中国企业而言还是一个陌生的事物，中国纺织机械股份有限公司（简称中纺机）成为"第一个吃螃蟹的人"。那时，中纺机是中国专业生产纺织机械的老字号企业，生产各种有梭、无梭织布机，是中国织布机行业最著名的企业。1992年6月由中国纺织机械厂改制为股份公司，同年5月25日公司发行人民币股票（A股）。6月29日发行人民币特种股票（B股）。但是没过多久，A、B股筹集的资金又不能满足公司发展的总体融资需求了。1993年时，中纺机打算进口国外的先进设备用于生产无梭织机，而进口设备需要美元。所以，中纺机公司与申银证券、瑞士银行商讨后，准备在瑞士发行私募的B股可转换债券，进行新一轮融资。如此重要的创新——在境外发行可转换债券，既没有现成可适用的法规，也没有先例可循，所以必须高度重视。证管办为此召开专门会议，商议论证发行可转债的可行性及如何才能顺利完成发行可转债。由于我在人民银行工作过，讨论设计B股时就知道国家有外债管理的规定，所以我建议："考虑到这个可转债是在境外发行，可能涉及外汇管理和外债规模控制的问题，应该请人民银行和外管局的同志一起来讨论，这样做比较稳妥。"于是，市人民银行外汇管理分局的代表也被邀请来参会了。会议主要围绕两个问题讨论：一是能否允许中纺机境外发行可转债？二是具体怎么操作？

我先请中纺机公司及申银证券大体介绍中纺机的公司情况以及本次可转债的发行目的、背景、需求等要点，然后说："本次会议特别想请外管局的同志明确几个问题：本次债券发行属不属于外债？是否要受到外债规模控制？"外管局参会同志回答："这是可转债，日后可以转化为股票，不算外债，也不受外债规模控制。"并且拿出一个国家外汇管理局曾经给深圳南玻公司的类似解释，来证明不用受外汇管制及外债规模控制。

得到确定的答复以后，我心里对此次可转债发行有了更大的信心。随后，就开始了一系列材料准备和审批程序，我们报了市证管会，也报了证监会。这次B股可转换债券在瑞士以私募方式发行3 500万瑞士法郎（约合2 333万美元），期限5年，年利率1%，B股转换价为0.43美元，供海外投资者（大多数是瑞士投资人）购买，境外主承销商是瑞士银行，境内主承销商是申银证券。这是中国首次在海外发行可转换债券，这对中瑞两国而言都是一件颇具意义的事。在发售计划确定后，1993年11

1993年11月，中国纺织机械股份有限公司在瑞士发行我国首个境外可转换债券（张宁：右一）

月，我代表市证管办与中纺机黄关从董事长、申银证券黄贵显经理等一行飞往瑞士进行为期10天左右的债券发行推介活动。

推介活动第一天就取得成功，投资人认购非常踊跃。然而，推介活动刚进行了三天，一个来电令我有些猝不及防。中国人民银行副行长兼国家外汇管理局局长先致电上海市证管办询问可转债发行之事，得知我已经出国推介后又打国际长途给我。

电话一通，行长对我说的第一句话就是："张宁，你们现在发的可转债要立刻停下来。"

我心里一惊，回答说："为什么？这恐怕很难，推介会已经开了，承销协议已经签署，外国投资者的认购也已经开始了。现在停止就变成我们违约了，另一方面，恐怕会造成对中国改革开放的负面影响。"

他说："是这样，因为你们这次发行的可转债涉及外债，理应受外债规模控制，但又没有经过外管局的审批就出国发行去了，所以现在这个可转债的发行一定要停下来。"

我万万没想到，刚查证过的情况竟这么快出现反复，只能无奈地回答："行长，我不知道外管局的同志是如何向你汇报这件事情的。你知道，我也是人民银行出来的，这次发行之前，我也考虑到了这个问题，所以特地把上海外管分局的相关负责同志请来开会，咨询是否涉及外债、是否受外债规模管制的问题，他当时答复我们说不涉及外债规模管制，而且还给了我们一个总局给深圳南玻公司的解释意见，我们这才继续做下去的。况且我们也不可能绕过上海外管分局直接越级上报外管总局吧。

这件事情走到现在这个阶段已经很难停下来了。"

行长沉默了一会，说："你们现在国外发售，我也一时半会儿管不到，我只能跟你说停下来，如果你们不停下来，那恐怕你最后也要承担责任。"

我说："行长，这件事情现在已经走到一半了，外国投资者已经开始认购，我认为是不可能停下了。这是中国第一次对外发行可转债，代表了中国金融产品的国际形象和中国改革开放的形象，如果现在突然终止，先不提经济方面的损失，首先就会对我们在国际金融市场上的信誉造成很大的打击，所以不能停。因为我在现场，有什么问题我承担责任吧。"

"那你怎么来承担责任？'双开'吗？"

"那我也没有办法了，这是中国首次对外签约发售可转债，第一回就出现违约的话，我们以后还怎么在国际金融市场上取信于人呢？这会对以后我们参与国际上的金融市场运作造成恶劣影响的。"我顿了顿，补充说："我事先也考虑到了可能存在的问题，也做了会议记录，都有据可查，哪怕现在出现这种问题，我也问心无愧。如果真的要'双开'，我也没办法。但我是为了企业和国家的发展和信用，又不是为了我自己的个人利益被'双开'，我也不丢脸。"

没想到，此时领导却用半开玩笑的语气对我说："真'双开'的话，那你开心了，可以到外面赚大钱去了啊！"现在回头想想，这大概也是因为他知道我算是一个的确只想做成事、把事做好的人吧。

　　总之，这段插曲最后并未导致发行过程的终止，也未导致个人被处理。回国后，我们将可转债发行认购的详细情况专门报告了证监会和国家外汇管理局。

　　中纺机可转债的发行过程其实称得上是广受欢迎，当时外资投资者认购相当踊跃，发行获得成功，中国驻瑞士大使也专门接见了我们。毕竟，中国企业走出国门，首次参与瑞士这样一个相当成熟和先进的资本市场的金融运作，是一件具有积极意义的大事。然而，这次具有开创意义的可转债海外发行还是留下了一些遗憾之处。由于缺乏海外发债的经验，当时中纺机按照境外投行的建议，发债选择的货币是瑞士法郎。中纺机募集得到的瑞士法郎需要兑换为美元才能购买设备，因为我们国家规定进出口结算货币必须是美元。而中纺机发行债券时瑞士法郎对美元的汇率较低，所以前期进口设备时，瑞士法郎兑换美元就多出了一笔汇兑支出。中纺机用美元购买了一批进口先进设备开始深化生产经营，第一年据说销售业绩还算不错。然而，后续我们陆续得到信息，中纺机的产品销售仍然存在问题，原因是进口设备并不能在提升其产品质量方面达到预期的效果。由于中纺机利润未能达到预期的上涨态势，其B股的股价持续下跌。

　　在中纺机的五年期可转债发行后的第三年，中纺机B股市场交易价格与可转债的转股价格差距越拉越大，估计中纺机可转债转成B股的可能性越来越渺茫，因此，我们就开始考虑如何应对中纺机可转债可能出现的不能按期转换成股票而需要偿付的问题。我们和承销商申银证券一直紧盯着中纺机的债务偿还情况，要求其准备和募集偿债资金，尽力避免出现债券到期不能偿付的恶果。经过多方努力，五年后，中纺机可转债到期按时还本付息了，债券年利率很低，仅1%，称得上是低成本债券了。但是，兑付时，恰又遇上瑞士法郎对美元汇率呈现走高的态势，导致中纺机在美元兑换瑞士法郎还款的过程中又吃了汇率的亏，承受了第二笔汇兑损失。

现在回顾这首次境外发行可转债，其实还是能总结出许多经验教训的。第一，可转债是非常好的低成本融资工具，利率仅1%。第二，当时瑞士要求中纺机在瑞士本国市场发行的可转债必须使用瑞士法郎发行和偿付，而中国企业按国内要求，只能用美元支付进口设备款，从而使融资企业承担了双重汇率风险。在这一点上，我们其实完全可以和承销商谈判，要求调整为美元债，与使用的货币相匹配，这样就可以降低汇率风险给发行人带来的损失（或者收益）。第三，在发行可转债主体的选择上应尽量考虑成长性较好的企业，避免因公司经营问题导致无法转换成股票而只能还本付息，甚至无法还本付息的情况。总体而言，当年中纺机B股可转债是一笔发行成功、转换失败的可转债。不过我们有效地督促了相关企业全数偿还到期债券，在国际市场上维护了中国金融产品和企业的信誉。所以，对于我们而言，这也不失为一次富有意义的勇敢尝试。

中国机场上市第一股

　　历数上海证券市场早期开拓的风云变幻，就不得不提起上海国际机场股份有限公司。该公司于1997年5月16日经上海市人民政府批准设立，原名上海虹桥国际机场股份有限公司。2000年6月28日，公司正式更名为上海国际机场股份有限公司（简称上海机场）。自公司上市以来，浦东机场运行能力显著提升，年旅客吞吐量连续三年全球市场排名第九，年货邮吞吐量连续十一年全球机场排名第三。截至2018年底，公司总市值978.12亿元，在国内A股机场板块中排名第一，公司实现营业收入93.13亿元，净利润42.31亿元，每股收益2.2元，经济效益在机场类上市公司中名列前茅。公司股票是沪深300、上证180、MSCI等指数样本股。

　　如此繁荣的发展，实际上离不开公司早期迈进资本市场的先发优势。公司在1998年1月15日就开始公开发行3亿股A股，发行价每股6.41元，共筹资19.2亿元，发行后总股本9亿元，市值57.69亿元。1998年2月18日公司在上交所上市，上市首日收盘价9.05元，总市值达81.45亿元。现在看来，这可能是一件平平常常的金融新闻，但是在当时的时代背景下，作为中国机场上市公司第一股，如此大体量的优质基础设施管理公司上市是一件很不寻常的事。

　　一切都还要从1993年说起，当时我作为证管办副主任负责主管的业务之一是B股，在实际工作中，我明显感觉到B股公司的规模偏小且总体质量也不够理想。但凡公司要上市大多还是想发A股，因为B股投资人要求高，受国际市场影响，发行价又较A股低，因此，选择发行B股的公司相对来说就更难，也更少。但B股有1亿美元的发行额度，不用又挺可惜的。看来需要我们自己来"挖掘"B股发行上市的公司资源了。什么样的上市资源合适？通过与不少境外投资者接触了解，我发现有些B股公司的资产类型并不符合投资者的期望。B股的境外投资者究竟希望有什么样的B股公司？这个问题始终萦绕在我脑海中，挥之不去。我几次三番地问自己，身为上海证券市场的推进者，是不是应该做些什么呢？证管办虽然负责证券市场管理，但我们是不是应该改变坐等拟上市公司来找我们的局面，主动引导推动更多符合投资人理想的公司加入B股市场，为投资者提供更加优质、更加多样化的上市公司，让投资者来选择呢？是不是可以将基础设施公司引入B股市场呢？

　　当时，中国资本市场处于开放之初，国际投资者甚至国际投资银行、证券机构对中国市场都了解不深，而我们对国际投资人的需求更是不甚了解，所以我一方面需要不断地向国外投资者介绍、推介中国市场和上市公司，另一方面也要通过各种方式、渠道了解境外投资者特别是机构投资者对于投资的需求。有一次，美国当时最大的基金公司——富达基金以及汇丰投资公司的基金经理前来证管办咨询了解中国证券市场及投资的法律和监管环境，我就中国证券市场的法规及监管概况等一一作答之后，也借此机会向他们抛出问题：从国际投资者的角度来看，希望投资什么类型的上市公司？对方不假思索地回答："我们喜欢涉及最终消费品、收入稳定或者规模够大的上市公司。"这一回答与我长期的了解和想法不谋而合，我回应道："关于这方面投资者的意见我也听过不少，说具体点，如果我们设法推动上海的机场、港口等一批基础设施优质企业上市，你们会欢迎吗？"这两人一听连连点头称："好啊！如果它们上市，我们一定购买它们的股票，这一定是中国的NO.1，我们一定买！"这次谈话坚定了我心中推动优质基础设施企业上市的想法。

然而，那时在证券市场上市对许多上海企业而言还是一个新鲜事物，特别是基础设施企业。等着这些优质企业自己了解证券市场后再主动要求上市，既不现实，也绝不是我的工作风格。因此，我开始思考如何主动出击，动员这些企业上市。这对整个证管办而言都是一次思维、心态和工作方式的转变。因为以往都是有上市需求的企业主动找上门来寻求帮助，申请发行额度，而这次则是我们主动去引导、鼓励企业上市。从"朝南坐"变为"服务员"，这的确是一个新的要求和挑战。

经过反复考虑之后，我觉得还是有必要登门拜访机场企业。我之前曾参与过东方航空公司上市的辅导工作，我认为，相对于航空公司而言，机场是一个地道的垄断行业，其收益相较于航空公司会更加稳定，规模也绝对够大；随着中国经济的发展，航空业也具有明显的发展优势，机场势必能获得非常理想的发展前景。当时国家已将原本直接归属国家民航局管理的虹桥机场管理权移交给了上海市政府，而新建浦东机场的建设资金则要由上海自筹解决。说实话，那个时候，上海哪来那么多的建设资金投入浦东机场建设啊！

　　如此良机，事不宜迟。我找到了时任上海虹桥机场财务部经理王芳俊，请他将我引荐给机场总经理。事先安排好之后，我亲自上门去拜访，向总经理介绍了机场上市的种种益处，特别介绍了虹桥机场上市筹资可以用于浦东机场建设，期盼着他能提出一些实质性的想法或意向。未曾料到的是，这第一次拜访并没有得到比较积极的回应，甚至可以说，是受到了冷遇，得到的也只有一句"让我们财务部研究研究"的模棱两可的回复。

　　当时谈完之后，我觉得自己这个证管办副主任活像一个"劣质商品推销员"，好像是在急着把别人不需要的东西硬塞给别人似的。这种受打击难受的感觉我至今记忆犹新。虽然"碰了一鼻子灰"，但是我并没有气馁和放弃。开始我真有点想不明白，虹桥机场的领导为什么对我的建议会是这种态度呢？别的公司都主动找证管办要额度，而机场却这么"冷淡"。经过反复思考之后，我逐渐想明白了，机场现任总经理作为机场运营管理者，主要关心的是机场安全运营，而不是新建机场的建设资金。新建机场的建设资金应该是谁关心呢？应该是上海市委、市政府，因为机场这种基础设施建设关系到上海未来的经济和城市发展。怎么进一步推动？我想起了一个人。于是我去找了上海联和投资公司的江董事长，他曾在中科院上海钢铁研究所任职，我们在一次徐匡迪市长的宴请活动中相识，并对推动中国证券市场有些共同的认识。我就推动机场上市的个人看法、基本架构设想以及对上海发展的积极作用等与他作了深入地沟通和交流，并请他出面建议和推动这件事，同时我也表示可以尽己所能一起出谋划策，最后得到了他的赞同和支持。最终通过他的各方努力，终于成功推动了上海市委、市政府作出支持上海虹桥机场改制、发行A股，并投资浦东机场建设的决策。这位江董事长在推动上海机场改制上市的过程中起到了十分关键和重要的作用。

上海市委、市政府基本同意虹桥机场上市后，我们便开始制订改制上市方案。当时，联和投资公司的钱永耀同志到证管办找我，先给我看了他们初步拟订的几个改制上市方案，我看了之后觉得不够理想。我向他解释说："整个机场内部各部分的收益能力差别是很大的，候机楼与停机坪的创收能力完全不同。一般而言，主要的创收来源相当一部分来自候机楼部分。如果你将停机坪、物流区域等全部纳入上市公司范围，资产规模大，势必摊薄利润。利润摊薄了，投资者怎么会青睐这个上市公司呢？何况每股利润低的话，发行价也会低，就筹不到多少建设资金。"我顺手将原方案的纸翻过来，在背面简单画了虹桥机场和浦东机场的资产分类图，对各部分间作了划分："其实，你们可以暂时将虹桥机场分割，将候机楼单独作为上市资产进行融资，这样每股利润较高，可以多筹些资金，筹集资金后投资于浦东机场候机楼建设，保证上市公司连续盈利；浦东机场停机坪等其他部分资产可以先不放入上市公司，靠申请银团贷款来建设。今后再逐步装入上市公司。"后来，按照这个方案，虹桥机场以1997年2月28日为基准日，把经营状况较为优良、体现机场经营特点的候机楼管理部、航空服务公司、广告公司、安全检查站、国际商贸公司、医疗急救中心和实业发展公司七个部门的全部资产、负债以及所有者权益进行重组，折股为6亿股国家股。以上海机场集团为独家发起人，于1998年1月15日公开发行3亿股公众股（其中3 000万股为内部职工购买），并于1998年2月18日在上交所上市。整个虹桥机场改制发行上市的过程，在时任上海市政府副秘书长、市计划委员会主任兼市证管办主任的组织、协调和推动下，顺利完成。尽管虹桥机场没有如我所愿发行上市B股，但是，能够参与成功推动这么大规模、具有开拓性意义的基础设施企业上市，成为中国机场上市第一股，我还是非常有成就感的。因为上海机场的上市开国内机场上市之先河，有利于基础设施投融资体制改革，为基础设施建设拓宽了融资渠道，也为基础设施企业转换经营机制创造了条件。同时，也为中国证券市场和投资者提供了优质的上市公司。

虹桥机场上市以后，随着中国经济的高速发展以及航空市场的不断发展，机场建设资金需求逐步扩大，机场建设资金不足又成了新的现实问题。在一次工作中偶遇时任机场上市公司的副总王芳俊时得知这一情况，我向他建议，机场投资见效比较慢，可以考虑发行可转换债券，因为可转债具有利率低，不会立即摊薄公司利润等优势。机场公司经过研究后接受了我的建议，并向证监会报送了发行可转换债券的申请。但是，机场的可转债申请报给证监会后却迟迟没有回音。当时，证监会副主席高西庆正好来上海公干，我赶紧向他汇报了相关情况。

他听我说完，笑了笑："不瞒你说，现在有两家申报可转债的，一家是鞍钢，一家是上海机场。我们还在考虑应当先批准哪家呢。"

我连忙抓住机会说："客观来说，就是从中立的角度来看，其实我还是觉得应当先批机场集团的可转债。"高西庆又笑了："哦？张宁，你可不能因为你是上海这边的就替上海机场说话。"我说："领导，我这么说是有理由的。在这次机场申报之前，上海已经有过发行可转债的经验，1993年中纺机在境外发行过B股可转债，最后因为企业经营不善股价上不去，虽然发行很成功但是转换不成功。这次发行可转债的上海机场其实是相对垄断行业，基本没有竞争风险，经营风险也相对较低，能够保障收益的持续性和稳定性。再加之上海此前积累的操作经验，我相信这次机场可转债不仅能发行顺利，也能转换顺利，最后保证证监会批准的第一单可转债全面成功。"

在我的争取下，机场发行可转债率先获得证监会核准，这是自1997年国务院颁布《可转换公司债券管理暂行办法》以后，证监会批准发行的首单可转债。公司于2000年2月25日发行了13.5亿元可转债，期限五年，利率0.8%，募集资金用于购买浦东机场候机楼及相关资产。截至2004年4月23日，约13.22亿元可转债成功转股，占总发行量的97.97%。此次成功发行可转债不仅对公司后续发展具有重要意义，而且对我国证券市场发展产生了积极作用。

"千里之行，始于足下"，我一直坚信，不仅谋事在人，成事也在人。光有谋还不够，还应谋定而后动，积极主动地去寻找、挖掘、推动，实现目标。这些目标，不仅仅局限于上级领导安排的指标、任务、绩效，还应来自自身平时对工作的思考和探究，来自主观能动性。如何在合规守法的基础上避免墨守成规，开创一片新天地，造福企业、造福市场、造福投资者，是我孜孜以求的心愿。

上海港上市发展之路

上海国际港务（集团）股份有限公司（简称上港集团）是上海港公共码头运营商，2000年7月19日，其前身上海港集装箱股份有限公司（简称上港集箱）成功上市，2006年10月26日，经过重组的上海国际港务集团在上交所上市，成为全国首家整体上市的港口集团公司。上港集团是目前我国最大的港口上市公司，现在已经连续多年是全球集装箱吞吐量第一的综合性港口。上港集团主营业务有：集装箱码头业务、散杂货码头业务、港口物流业务和港口服务业务四大板块。目前已经形成了包括码头装卸、仓储堆存、航运、陆运、代理等服务在内的港口物流产业链。公司上海地区下辖分公司12家及内设机构3家，二级（全资及控股）子公司29家、参股企业14家。

截至2018年12月31日，公司总资产1 443.7亿元人民币，实现营业收入380.4亿元，实现归属母公司的净利润102.8亿元。

上港集团今天的繁荣发展离不开中国证券市场的鼎力支持。

上港集团的前身是上港集箱，上港集箱于1998年11月19日成立，2000年7月19日在上交所成功上市。2006年10月26日，上港集团通过换股吸收合并上港集箱，以集团的身份重新登陆A股市场，实现了上港集团整体上市。站在今天回顾，上港集箱以及上港集团的上市历程可谓好事多磨。

如前述，上海机场上市中我提到的在我们资本市场发展之初，我一直想通过推动机场、港口这类优质基础设施公司上市，以改善我国证券市场上市公司的结构，加大对投资人的吸引力。因此，推动港口上市的想法就像埋在我心里的一颗种子，生根发芽，促使我积极筹划，力推此事。一开始，我请我们证管办发行处兼市场处的严旭处长帮助联系安排，准备一起去上海港务局登门做工作，因为他曾经在上海港务局财务处工作过几个月。待严旭与港务局财务处长联系安排好之后，我就和他一起去拜访了管理港口的上海港务局。当时的上海港务局党委书记陆海祜和副局长陈戌源接待了我们。一入座，我便开门见山表明我们的来意。我问他们："你们公司想不想上市，现在有很多企业都来找我们要上市额度和机会，我们可以给额度，让你们上市。"陆海祜听着一直保持沉默，没提出任何意见，倒是陈戌源心直口快，操着一口上海话不假思索地拒绝了我，他说："我们不需要上市，因为港口是国家投资的，我们只需要代表国家对港口进行管理就行了，不需要进行投资，也不需要上市，毕竟有国家投资就足够了。"他说完后，我反问道："如果你们自己不投资，那么港口现在的发展跟得上经济发展的需要吗？国家投资跟得上港口发展的需要吗?"因为我心里清楚,改革开放后,港口的发展未必跟得上经济的发展,同时,相比于证券市场的投资或融资,那时国家投资的财政资金来源还是比较困难的,国家不可能一直源源不断地进行港口投资。我进一步问他们:"现在有没有外资来投资?"陈戌源回答我说:"有的,李嘉诚来投资了。"我一听李嘉诚来投资,马上接着问李嘉诚投资了多少,他们告诉我李嘉诚只投资了一小部分。我追问道:"李嘉诚是不是想继续追加投资?"陈戌源连忙说:"是的,李嘉诚想追加投资,而且一直盯着我们要追加投资。"我就问他们:"你们允许他们追加投资吗?"他们说:"我们不让追加投资,如果让他追加投资,他们(外资)在公司股权中占的比例就大了,这种情况国家是不允许的。"我趁机说道:"他们想追加投资,你们又不让追加投资,那么将来港口的发展跟不上上海经济发展的需要了,怎么办?"陈戌源表示:"等以后跟不上发展了再说吧。"我继续追问:"如果李嘉诚一定要追加投资,国家又没有资金可以追加投资,那时他再跟国家有关领导说要做大头,你想想,为了满足经济发展需要,国家有可能会同意吗?"顿时,他们俩都沉默地看着我,可能是不好回答或者是回答不了了。我看他们似乎有点被说动了,便补充说道:"港口不是你们的,不可能完全顺从你们个人的意愿发展,要顺应国家的经济发展需要。将来如果李嘉诚在公司股权中占了大头,他便占据了主动权,到那时候,港口可能就不是你们说了算。所以在一开始,我们就应该把各种情况都考虑清楚,不能等到事情发生了再去想解决办法,那时候就来不及了。如果你们上市了，你们就获得了筹资能力，就有了投资港口的资金来源，到那时，即使李嘉诚要追加投资，你们便可以继续投资，别人投资多少，你们可以按原来的比例增加投资。等你们拥有了追加投资的底气，把其他的港口资产都上市了，还能够降低李嘉诚的投资比例。否则，将来港口的控制权就可能落到别人手中了，你们考虑考虑吧。"陆海祜这时才说了话："我们考虑一下，研究研究。"同样是"研究研究"，我听着与上海机场总经理的语气完全不同，或许含义也不同。从后来的情况看，我们分析的道理他们俩其实已经听进去了。

过了大概几周的时间，陈戌源主动来找我，跟我说："我们研究过了，局里决定要上市。但是我们不知道该怎么上市，想请你们帮忙指导，出出主意。"我答应他过几天就去。记得1998年1月25日，我和严旭以及上海市交通办的陈毅影处长一起再次去了港务局。当时的上海港已是全国最大的码头，不过是以散货为主，集装箱较少，所以上海打算投资建设外高桥二期集装箱码头。建设集装箱码头的要求很高，需要大量的资金投入，而国家和上海财政都没有足够多资金可以投入，这也是当时国家政策允许外资投资这个领域的主要原因。经过讨论，我们初步敲定以港务局下属中外合资的集装箱发展有限公司的资产为主体上市。意向初步确定之后，我问陈戌源："我们港口是国有的，但是这个国有股的权属究竟属于中央还是地方？因为国有企业在上市之前一定要界定产权，所以先要把国有股权的归属问题理清楚。"陈戌源回答说："港务局的资产归属问题尚未解决，以前是交通部所属单位，1986年财务权下放地方，现在是双重领导、以市为主。关于上市的事，我们也问了交通部的意见，他们说如果上海市同意他们也同意。"陈毅影处长又补充了一句："上个月交通部发文通知，所有港口上市都要交通部同意。"当时我虽然没有立即表态，但是心里对此是有疑问的。我心里想，既然中央把港口的财务权下放，那么应该是所有的权力都下放地方政府了，就跟虹桥机场一样，通常来说不会仅仅下放管理权中的财务权。

虽然当时没有任何领导要求我一定要落实港口的上市问题，但是我出于培育优质上市公司、促进证券市场发展的考虑，一心想着既然机场已经上市了，那么港口也一定可以上市。完全是出于一种自我加压、自我要求的积极态度。

接下来几个月，上海港务局成立了以陈戌源为组长的上市筹备小组，紧锣密鼓地开展工作。但是，港口的产权问题还是个棘手的关键问题，不解决就无法上市。因此我想一定要把港口的产权归属弄清楚，不能让它成为港口上市的障碍。直觉告诉我港口的国有股应该属于上海。当时我的"老领导"已经担任上海市副市长，港口等市政建设正好是他分管，于是我就去找他汇报了这个情况。我说："我们想促成港口上市，港务局也已经有了上市的想法，这对上海经济发展和证券市场发展都有利。但是，现在港口的国有股权归属没有弄清楚，这成了我们能否给港口上市额度的关键问题。因为按照现有政策，如果港口属于上海管理就可以使用上海的上市额度，如果港口属于中央企业则只能使用国家给部委的额度了。而且，权属不清就不能做评估确认，也就无法上市。"我恳请领导召开专题协调会，并建议邀请市国资办在内的有关部门一起参加，领导同意了我的请求。没想到，这一同意，副市长先后两次召开专题协调会来解决这一问题。1998年6月2日，在副市长的办公室召开了第一次专题协调会。参加协调会的有时任市政府副秘书长吴念祖，国资办主任陈步林，港务局的陆海祐、陈戌源等人。我在协调会上介绍了港口上市条件基本符合可以支持，但是关键问题是港口的产权是属于中央还是地方，国有股权属不清，没有办法上市，我们也没办法给额度。陈戌源当时表示，对于港口产权问题交通部尚未明确。副市长最后明确，同意以集装箱发展公司为主体上市；可以是多种股权方式；要查明国家关于港口下放的政策依据，若属于部里的部分，争取国家国资局授权，目标是成功上市。会后，各部门紧锣密鼓地查找依据，制订方案。7月15日，副市长又召开第二次协调会，这次会议增加了市财政局和市交通办。在这次会议上，相关部门通报了查证后的情况：上海港务局的产权是明确的，属于上海，国务院办公厅文件明确港口下放地方政府，1986年1月1日起对口交接给上海；1988年市长签发的上海市港口管理政府规章，明确归上海市政府管；1996年上海港产权登记在上海。最终，在副市长的协调下，解决了上海港集装箱发展公司的国有股权属问题。这个问题明确之后，上海国资办便开始对拟上市的相关国有资产进行评估、确认并出文。上港集箱改制上市进程便正式启动了。

　　没过多久，陈戌源打电话给我说："我们碰到难题了，很多券商都来找我们要做主承销，我没办法定哪一家，你帮我推荐一下吧。"我告诉他，这个问题不能帮忙，因为券商都是我们监管的对象，我推荐哪家都不合适，所以只能他们自己决定。我建议哪家给的条件好，就选哪家，"货比三家不吃亏"。看我不肯给意见，他只能作罢。过了几天，陈戌源又专门来找我说："我们实在是无法决定，真的碰到难题了。"我很奇怪："你们又碰到什么难题啦？"他说目前最主要的券商有两家，都非常积极，给的条件也都不错。选谁做，真的举棋不定。主承销商无法确定还会影响发行上市的进程。这两家券商一家是光大证券，另一家是国泰君安证券，两家都是在上海注册的证券公司，他们不知道该选哪家。这两家证券公司的领导我都很熟，基于身份特殊，我不方便推荐。陈戌源又说："控股光大证券的光大集团董事长说，他跟证监会都熟，可以做工作。"听了这句话我笑了，随口接了句，"那国泰君安的总经理还是从证监会来的呢。"最后国泰君安争得了这个上市项目的主承销。事后得知这事，我还想是否陈戌源把我那句随口说的半开玩笑话当了真？

　　在上报证监会发行审核后，上港集箱碰到真正的难题了。上港集箱上市的筹资用途是打算投资外高桥二期集装箱码头，在项目中要投资23亿元。当时的外高桥二期还没建造好，因此个别发审委委员提出，尚未建造好的码头凭空要投资23亿元，让人难以信服，也没有财务上的依据。陈戌源得知这一反馈后，又跑来找我，希望我帮忙做工作。正好证监会发行部主任宋丽萍来上海开会，我说宋丽萍开会会开到很晚的，他说没关系，我们可以等她。那天晚上，我约了宋丽萍，从晚上9点多一直谈到12点多。陈戌源先汇报了上海港口发展和公司投资外高桥二期的实际情况，他说完之后本应该是国泰君安总经理说，但是他好像没有要说话的意思，我接着跟宋丽萍说，上港集箱投的外高桥二期码头，预算投资是23亿元，现在已经投了70％多，是否可以让第三方出个报告作为依据？因为我知道建设银行有投资审价的业务，他们可以对投资情况进行估值审价，我建议能否让公司请建行对已经投资建造的部分作审价，出具第三方投资估值的报告；对那些尚未投资的部分，基本的概算也可以让建行预估出来。这样由第三方来作投资审价估值会比较客观。但是，即使这样做也不能认为没有风险了，我认为可能还是会有风险。那就是如果将来出现特殊情况，剩下20％的投资额没能投进去，这种风险也是存在的。我们应当要求公司在招股说明书中作出风险提示，提醒投资者注意接下来的20％能不能完成投资并建成码头，这是个未知数。另外，还需要提示投资人注意的风险是即使投资全部到位，跟预算一样投了23亿元，最后港口建成了，但是码头能不能通过验收，能不能投入使用，能不能达到他们预计的吞吐量和效益，也是个未知数，所以我建议，我们同样应当在招股说明书中提醒投资人关注这个风险。我们这样做，基本上对投资人还是有保障的，因为我完全是从投资人角度来考虑问题，把各种风险都披露清楚，让投资人在风险揭示充分完整的基础上自己去判断决策。虽然从现实情况来看，上海和周边地区的经济持续发展已经使外高桥一期码头满负荷，只要二期开通，立刻会有船只进来，甚至满负荷，但是我们对投资者不能这样说，对投资人我们应当提示风险。如果投资者对上海的经济发展和港口建设稍微有所了解，就能作出正确的分析和判断，这个港口投资虽然存在上述风险，但应该是没什么大问题，值得投资。我们在招股说明书中把风险说清楚，说得透一点，哪怕说得过一点儿也没关系。我说完了之后，宋丽萍点头表示同意。后来分管发行的高西庆副主席来上海，我们又陪他坐船沿江考察上海港口沿线的建设情况，从黄浦江到吴淞口，一路调研交流，港口的发展也得到了高西庆的高度认可。

1999年9月，张宁与中国证监会副主席高西庆（右一）、上港集团董事长陈戌源交流上海港上市事宜

自此以后，上港集箱的上市工作畅通无阻，证监会很快批准了上港集箱的上市申请。上港集箱上市以后发展非常迅速，为上海的经济发展作出了积极贡献。但是，没过几年，发展到一定程度之后，上海港口发展建设又遇到了新的问题。2005年上海开始建设洋山港，需要大量的资金投入，而资金哪里来呢？此时的上港集团意识到上市公司规模太小、可用范围太小、可筹资的量也太小了，因为只有外高桥码头那部分属于上市公司范围，而洋山港建成之后其体量将远远大于外高桥。于是，陈戌源又来咨询我的意见，我建议他们借上港集箱上市公司的壳，实现集团整体上市。这时，市国资委也非常支持国企集团整体上市。2006年9月18日，证监会批准上港集团按4.5：1换股吸收合并上港集箱。2006年10月，上港集团完成了对上港集箱的换股吸收合并，并在上交所上市，实现了真正的集团整体上市。上港集团的上市，是中国第一个通过换股吸收合并实现集团整体上市的案例，并且在这个上市主体的股权结构层面，没有同名的集团控股公司持股，而是由市国资委直接持股，成为国内首家名副其实的集团整体上市的公司。

　　上港集箱上市的时候，1997年它只是全球排名第十的港口，而且是散货和集装箱的合计数。2006年上港集团整体上市前，集装箱吞吐量世界排名第一的是新加坡，上港只能排第三。实现整体上市之后，2007年，上海港超过中国香港排名第二。经过几年发展，2010年，上海港取代新加坡港成为全球最大港口。上港集团集装箱吞吐量也跃居全球第一，并且多年蝉联第一。

浦发银行公募上市及股改增发

发行上市

上海浦东发展银行（简称浦发银行）是一家总行设在上海、实行总分行制和综合经营的全国性股份制商业银行。作为我国新一轮改革开放的产物，上海浦东发展银行的成立和发展具有特殊的使命。

1991年初，邓小平同志视察上海时说："开发浦东，不只是浦东的问题，是关系上海发展的问题，是利用上海这个基地发展长江三角洲和长江流域的问题。"又说："金融很重要，是现代经济的核心。上海过去是金融中心，是货币自由兑换的地方，今后也要这样搞。中国在金融方面取得国际地位，首先要靠上海。"

1992年，根据邓小平同志的战略构想，党的十四大报告中指出："以上海浦东开发为源头，进一步开放长江沿岸城市，尽快把上海建成国际经济、金融、贸易中心之一，带动长江三角洲和整个长江流域地区经济的新飞跃。"这一决策既为上海在全国经济发展中的地位定下了基调，也进一步加快了浦发银行的组建步伐。

1992年10月，经中国人民银行批准，由上海市财政局、上海国际信托投资公司等18家单位作为发起人，以定向募集的方式设立了上海的第一家区域性、综合性股份制商业银行——浦发银行，1993年1月9日正式开业，募集股本总额10亿元人民币，1997年经中国人民银行批准，注册资本增至20.1亿元人民币。

1997年7月东南亚爆发金融危机，全球金融系统尤其是银行业受到了巨大的冲击，为避免国内发生金融危机，1997年11月，中央专门召开了金融工作会议，并推出了15条金融改革举措，明确提出要用三年左右的时间建立现代金融体系、金融制度和良好的金融秩序。1997年的证券市场，股市暴跌并持续低迷不振，为了改变这种状况，继续发挥证券市场对经济改革和建立现代企业制度的独特作用，国家证券监管部门于年底开始酝酿并提出了进一步培育资本市场、搞活证券市场的八大举措。

1997年底，沪深两市上市公司已达772家，但是银行股只有深圳发展银行股份有限公司（简称深发展）一家，商业银行的本质属性和深发展的高成长性，特别是新一轮改革开放及国内经济的高速发展，促成了深发展无可争议地成为深圳股票市场上的领头羊，对推动和促进深圳证券市场的健康、稳定发展起到了十分重要的作用。但是，自深发展上市以后，国家就明确规定商业银行暂缓上市，这样就给上海股票市场发展带来了较大的压力。

1998年，上海市政府从上海要为全国经济发展服务出发，打算推荐浦发银行进行上市试点并在上交所上市。3月初，时任上海市市长徐匡迪在北京参加两会时，专门把我叫到北京，让我约了证监会分管副主席面谈。谈话间，徐匡迪市长亲自向副主席介绍浦发银行的情况，提出了希望浦发银行上市的构想，这正好与国家证券监管部门有意物色一家商业银行在上交所上市的思路不谋而合。

1998年3月20日，浦发银行向我们市证管办报送了拟上市的相关材料，3月30日正式向上海市人民政府提出了进行发行上市试点的要求，市证管办随即代市政府拟稿，以市政府名义正式向证监会提出申请。5月11日，国务院总理办公会议讨论通过了证监会提出的八条搞活证券市场的措施，其中就包括同意浦发银行进行上市试点。

当时仅有一家银行类上市公司——深发展的前身是1987年由深圳当地21家农信社合并成立的深圳市联合信用银行，虽然其上市已有好几年了，但其上市时证监会尚未成立，一切改制、发行及上市方案都没有现存的经验可以借鉴，只能靠我们管理部门和浦发银行一起边探索、边实践。

1998年5月18日，浦发银行向上海市政府报送了《关于上海浦东发展银行改制向社会募股并上市的初步方案》，6月5日，市领导召开浦发银行发行相关工作协调会，人民银行上海市分行、市财政局、市国资办、市证管办等部门参加会议，我代表市证管办参加了会议。市领导在听取了浦发银行关于改制、发行相关准备工作汇报后，在会上明确表示，浦发银行上市势在必行，要大力支持。但是话锋一转说，现在有很多证券机构都想承销，怎么办？为了确保浦发银行成功发行上市，对股票承销机构可以采取"面向全国，公开招标"的形式。会上，浦发银行时任行长金运专门就招投标的准备工作情况进行了汇报。为了贯彻"公开、公平、公正"原则，浦发银行确定了评标专家标准，成立招标评审专家委员会，制定招标评审专家委员会工作规程以及具体的评标准则。汇报过程中，金运提到目前招标评审委员会各位专家已基本确定，但是有一位专家不愿意担任评委会成员。领导就问是谁，金行长瞟了我一眼，领导就明白了，问我为什么不愿意担任评委？我回答说："领导，我是证管办负责监管证券机构的，如果我担任评委投票，恐怕会带有倾向性，有失公正，作为监管部门的管理者这样做不合适。"领导说："那这样，你不要代表你们单位，就以专家的个人身份参加评委会，这总应该可以吧。"于是，我最终还是以专家的个人身份参加了招标评委投票。会后，根据市领导的要求，浦发银行拟订了《关于以招标方式确定我行上市股票承销机构的初步实施方案》，可以说，当时采取招投标方式选择股票发行与上市承销机构，是我国证券发行逐步完善发展的要求，也是我国一级市场承销激烈竞争的必然产物。

根据有关法律规定，承销股票面值总额超过3 000万元人民币或预期承销总金额超过5 000万元的，应当由承销团承销。由于浦发银行总股本和流通股盘子以及发行总金额均较大，因此，上市承销方式为承销团方式承销，承销团核心成员包括主承销商1名、上市推荐人1名、副主承销商3名。

招标采取协议发标的形式，浦发银行于6月7日上午10时在行内举行招标会，申银万国、东方、光大、中信、华夏、南方、中金、海通、君安、国泰、上海国投等共11家承销机构应邀到会，5天后，各券商在同一地点进行投标，共有10家证券公司在上海市公证处代表的监督和公证下将标书密封后集中保管。

招标委员会最后确定由9位专家组成，其中浦发银行行内专家4人，行外专家5人，各专家委员来自市计委、银行、证券、高校等部门，长期从事经济金融、宏观管理、学术研究等工作，具有较高的权威性和客观性。9位专家中由浦发银行首任董事长庄晓天担任招标评审专家委员会主任，其余8位专家分别是：裴静之（浦发银行副董事长）、金运（浦发银行行长）、王松年（上海财经大学教授，原定龚浩成教授，因当日有事未能参会）、王华庆（中国人民银行上海市分行副行长）、俞北华（上海市计划委员会经济调节处处长）、郁子冲（上海汽车有限公司董事长）、陈辛（浦发银行副行长）和我（上海市证券期货监督管理办公室副主任）。

各评审委员会成员分别对主承销商、上市推荐人、副主承销商进行三轮投票，招标评审委员会成员各一票投票权。经过投票，主承销商最后确定为海通证券有限公司。我记得当时海通证券的得票数是五票（最多）。上市推荐人为中信证券有限公司，副主承销商为光大证券有限公司、君安证券有限公司和东方证券有限公司。

这次浦发银行公开、公平、公正地进行股票承销机构的招投标，是我国证券市场健康发展的一个标志，为我国股票发行提供了一个很好的范例，对上海加快建设金融中心具有重要意义。

浦发银行改制上市过程中也遇到不少问题，其中遇到的最大的、困扰时间最长的问题就是净资产率达标问题。

根据国务院1993年颁布的《股票发行与交易管理暂行条例》第九条第一款规定，"原有企业改组设立股份有限公司申请发行股票，除应当符合本条例第八条所列条件外，还应当符合下列条件：（一）发行前一年末，净资产在总资产中所占比例不低于百分之三十……"，第十条对股份有限公司增资申请公开发行股票也提出了同样的要求。该条例在《证券法》颁布前一直作为股票发行与交易的重要规范依据之一，特别是净资产率要满足30%比例的要求更是长期作为新股发行的主要条件之一。

净资产率是一个企业净资产与总资产的比率，企业的净资产等于全部资产减去全部负债之余，包括企业的实收资本、资本公积以及留存收益。总资产是一个企业所拥有或控制的能以货币计量的经济资源，包括各种财产、债权和其他权利。净资产率是广泛适用于一般企业的常用指标。净资产与总资产的比例越大，说明企业负债越小，风险越小。为保证优质企业上市，维护广大投资者的合法权益，国务院对发行人严格规定了净资产率最低标准的发行上市条件。当时，这一条例并未针对特殊行业制定除外条款。

浦发银行是商业银行，资产的大部分是在吸收存款的基础上发放贷款形成的，商业银行是经营负债的特殊行业，负债规模的大小决定资产规模的扩张水平，其负债比例远远高于一般工商企业。所以说，对一个有效经营的商业银行而言，净资产率达到30%比例，反而说明该银行经营上存在问题，业务拓展慢，资金运用效率不高。

商业银行监管指标体系中，与净资产率类似起到风险控制作用的指标是资本充足率。各国金融监管机构在衡量银行实力或经营风险时，普遍采用《巴塞尔协议》中有关资本充足率须达到8%的规定。

碰到这个棘手的问题，时任浦发银行董事长（上海市原副市长）庄晓天约我去银行一起想想办法。我来到位于中山东一路12号的浦发银行总行，这栋大楼是市政府原先在外滩的办公地点，也是旧上海时的老汇丰银行大楼。对于这栋大楼，我并不陌生。当年为成立上交所和起草《上海市证券交易管理办法》等，我经常出入市政府，也就是这栋楼。但是，此楼重新修缮，浦发银行入驻后，我还是第一次来。一进门，我真是被惊艳到了，看到这栋漂亮且富丽堂皇的大楼，我问他们有这么好的大楼，怎么会净资产率达不到要求？他们回答我说，这栋大楼不是浦发银行的，是向市政府租的，每年租金2亿元人民币。于是我给出了一个建议：银行目前资产不多，不如把这栋大楼买下来，一方面可以增加资产，提高净资产率；另一方面还能省下每年2亿元的巨额租金以提高利润。结果他们采纳了我的建议，向市政府申请并购买了这栋大楼，同时也解决了净资产不达标问题。

浦发银行的申报材料报送证监会后，在发行审核时又碰到了新问题。一天我去市政府开会，见到时任市政府副秘书长姜斯宪，他对我说："张宁，浦发银行陈辛说他们的上市申请报到证监会碰到了一些问题，你能否帮忙与证监会沟通沟通？"当天晚上我回到家中，七八点钟时又接到了姜斯宪的电话，电话中他再次提到让我帮着和证监会沟通此事，我们证管办当时刚归属证监会管辖，属于证监会派驻上海的派出机构了。姜斯宪电话都追到家里来了，我想这件事应该是非常重要和紧急的。经过向陈辛副行长了解情况，我知道了事情的原委。原来是因为上海市政府将原市政府大厦（老汇丰银行大楼）以17亿元人民币的价格卖给浦发银行一事。证监会发行部负责财务审核的人员认为，这栋中华人民共和国成立前就有的大楼按财务制度规定折旧早就已经提完，没有账面价值了，市政府在浦发银行上市前以17亿元卖给浦发银行，有"套现"的嫌疑。知道事情的原委后，我仔细思考并整理思绪，于当晚十点钟左右，拨通了证监会高西庆副主席的电话，电话中高西庆简要和我说明了情况，与我了解的情况基本一致，核心问题是这栋大楼上海市政府为什么能卖17亿元，是否存在市政府"套现"。我解释说："高主席，这个事情我知道，我也了解了情况。首先，这栋大楼卖17亿元是有依据的，据我所知，除了浦发银行，还有两个买家出价2亿到5亿美元想买这栋楼，一家是外资机构，出价2亿美元；还有一家是上交所，出价5亿美元，想买下来做B股交易大楼。2亿美元按照当下的汇率，就是17亿元人民币。其次，说到折旧问题，这栋大楼是解放前的外资资产，已有近百年的历史，属于解放后因外资欠税而没收的资产，账面上根本没有资产价值，何来折旧一说？"我接着又给高副主席算了一笔账，浦发银行花17亿元买下这座号称"从苏伊士运河到白令海峡最华贵的建筑"是多么合算：大厅里四根8米高的爱奥尼式柱，均为整根大理石雕成，据说全球只有六根，另外两根在法国卢浮宫；穹顶和穹顶下的鼓座装饰那极具艺术价值的几幅马赛克镶嵌画，距今已有近百年的历史，这栋历经百年风雨的大楼至今依然富丽堂皇、光彩照人，根本就是古董啊！"有机会请你来看看就更清楚了。你知道的（因高西庆曾在美国留学及工作），在国外古董哪有折旧、残值说法，论的就是它现有的价值，而且越老越值钱。第三，这栋大楼本来就是浦发银行向市政府租用的，每年租金2亿元人民币，17亿元人民币只不过相当于这座大楼八年多的租金而已，大楼买下来后，租金变成了资产，不仅每年降低了成本还增加了收益，这不明摆着对投资者有益嘛。"最后我又补充了一句："让浦发银行把这栋大楼买下来是我给他们出的主意，我就是从投资人利益出发，认为这样做对投资人非常有利，你说，我能害投资人吗？"电话一直持续了近2个小时，高西庆听完我的话后说："你这一解释，我明白了，你明天就让他们来吧。"放下电话，我立刻将这一消息通知了陈辛，并向姜斯宪作了汇报。

过了几天，1999年9月20日，证监会以证监发行字〔1999〕127号《关于核准上海浦东发展银行股份有限公司公开发行股票的通知》，同意浦发银行利用上交所交易系统，采用上网定价发行方式向社会公开发行人民币普通股4亿股。

后来高西庆副主席来上海，我还陪他专门去浦发银行看了这栋百年大楼，一进大楼抬头可见极具震撼力的马赛克镶嵌画，内部装饰极其考究，大厅中央是柚木地板，四周皆大理石地坪，矗立着四根无任何接缝的大理石柱，登楼扶梯以人造大理石制成，紫铜扶手，楼上办公室有柚木花雕的门框、优质细木地板。历经岁月洗礼，大楼的恢宏气势和优雅风姿，依然透过每一个细节向我们展示曾经的辉煌，高西庆看完后完全认同我的说法，这就是一座真正的古董！

浦发银行发行上市不仅是一种向社会公开进行募股的公司行为，也是国家深化商业银行体制改革、促进证券市场健康发展的重要举措之一，对促进我国资本市场的健康发展具有重要意义。浦发银行的成功发行上市，创下了一系列的纪录，发行过程中的实践，无论是对我们监管部门，还是对后续准备上市的商业银行，无疑都具有极大的借鉴和参考价值。在这个过程中，我作为证管办副主任，积极支持、协助浦发银行解决碰到的各种新情况、新问题，一切从投资者利益出发，为浦发银行的顺利发行上市、为我国资本市场的健康发展尽到了个人的一份绵薄之力。

股改增发

资本约束一直以来是股份制商业银行最大的瓶颈和障碍，国际上通行的对商业银行风险监管指标之一是资本充足率不得低于8%，中国银行业监督管理委员会要求上市银行任何一天的资本充足率不得低于8%。浦发银行自发行上市以后，随着业务的不断发展，其资本充足率从2000年的13.5%一路下滑，到了2004年底，浦发银行的资本充足率已经滑落到8.03%，再融资的需求已迫在眉睫。

2005年的一天，浦发银行时任董事长张广生和行长金运带队来证监局找我，我那时已是证监会上海证监局局长。他们说浦发银行准备引进战略投资者——花旗银行；花旗银行打算增持浦发银行股份，其中少部分是以原股东转让存量的形式，大部分准备以定向增发新股的方式，增发价格为每股人民币5元。花旗银行2002年曾以6亿元人民币入股浦发银行，2005年其对浦发银行的持股比例为4.2%，通过此次增持，花旗银行拟将持股比例上升到19.9%（当时银监会对外资持有国内银行股权的比例规定上限为20%）。我一听到每股5元定向增发给花旗银行，脑子里第一反应是：价格这么低，这怎么可以！我亲历了浦发银行改组上市，对浦发银行在资本市场的点点滴滴基本可以说是了如指掌，而且我十分熟悉金融和证券各项业务，以我多年的监管经验，直觉告诉我这个方案绝不可行。我问了两个问题：

"当初你们浦发上市的发行价是多少？花旗银行作为战略投资者进来有'锁定期'吗？"接着我说："1999年浦发银行发行上市价是每股10元，六年后的现在定向发行给花旗银行每股5元，简直太便宜了！这样做，势必会侵害原有投资人的权益！"他们和我说："怎么就侵害原有投资人的权益了，老股东们连5元的价格都不肯出。"我说："现在的股价确实很低，按略低于现行股价看，这5元的定价似乎是合理的，其实不然。关键是你们要引进的是战略投资者，我知道国际上引进战略投资者，首先应锁定期限，他们锁定几年？没有。其次国际上战略投资者的认购价格一般应高于市场价，才能保证增资后市场的价格稳定。花旗现在既未锁定期限，价格又低于市场价，怎么能称得上是引进战略投资者呢？"接着我再从财务的角度分析："每股10元的上市发行价，其中9元进入资本公积，现在增发卖5元，只有4元做资本公积，增发后每股的资本公积肯定是大大小于9元，则原有股东的权益明显受损，其部分老股东权益被稀释给了新加入的投资人。"另外，那时正值股权分置改革推出之际，此时的股价是非正常因素造成的极低价。对上市公司来说，这时候增资是最不利的时机。所以，综合这些方面的因素，我坚决不同意这时推出这一做法。我的态度着实出乎他们意料之外，本来他们认为以我一贯以来对他们工作的支持，一定会同意的，不过是走个形式而已。于是，他们拿出各种理由、各种解释，试图说服我，但我不为所动，责任心告诉我，这绝不可以！我斩钉截铁地说："我不同意，你们也不用想着直接去找证监会，我会将这一情况报告给证监会，相信证监会领导也会同意我的想法。"他们失望地离开了。事后，传闻浦发银行有人说我不近人情，认为我欺负金行长这个"老实人"。其实金行长是我大学同班同学，又是我们班长，我怎么可能欺负他？我对他们说："你们增资扩股，考虑的是浦发银行未来的发展，我能理解，但中小投资人的利益又有谁来考虑和保障呢？只有我们监管部门，我们的监管工作必须将保护投资人特别是中小投资人的合法权益放在首位，所以，这是我的职责要求我必须这么做！"

5元的定向增发价被我否了，但是花旗银行拟将对浦发银行持股比例上升到19.9%的信息在我心头始终挥之不去，我非常了解浦发银行的股权结构，浦发银行共有200多家法人股股东，股权非常分散，没有绝对控股的大股东，最大的非流通股股东的持股比例尚不足公司总股本的8%。经过几天的深思熟虑，我决定给当时的上海市分管领导冯国勤常务副市长打电话。

电话中，我一开始就说："冯市长，浦发银行以后有什么事，我就不找您了，直接找花旗银行了。"

冯市长丈二和尚摸不着头脑："张宁，你啥意思啊？"

我接着说："不知您是否知道，浦发银行董事长一行前几天来找我，想定向增发股票，以每股5元的价格卖给花旗银行，花旗银行准备增持浦发的股份到总股本的19.9%。"

"这事他们和我说过。"冯副市长说。

"有些详细情况可能您还不是十分清楚，浦发银行的股权结构十分分散，最大的非流通股股东的持股比例尚不足公司总股本的8%，如果花旗银行持股比例达到公司总股本的19.9%，那它就是浦发银行的第一大股东了，我们证券监管部门监管工作的原则是，有事情找第一大股东。"我解释道。

"不对啊，浦发银行的众多非流通股股东都是我们上海国资的，加起来超过40%，我们怎么不是第一大股东呢？"冯副市长不太理解。

"是的，确实有许多股东都是国企，但是，它们都是一个个独立的法人，而且许多并非市政府、市国资委直属企业，大多分散在各集团中，在股东决策中很难形成一致行动人的集中决策，而花旗增资后将成为持股最多的单个股东，比第二位要高出一倍多，未来浦发银行的实际决策权很有可能旁落，这将是一个大问题。"我进一步解释。

对于5元每股的增发价格，我也向冯副市长谈了我的想法，并把资本公积因此摊薄的原理也解释了一番。我说："如果浦发银行现有的股东将存量股份卖给花旗银行，我完全没有意见，这是股东之间的买卖，价格是'一个愿打，一个愿挨'的市场行为。但是，现在问题是增发，在非正常的市场条件下，以低于市场价的价格定向增发给战略投资者，这明显侵害了原有投资人的权益，包括所有的国有法人股东的权益，而且这个战略投资者是没有锁定期的。"

听完我的话后，冯市长沉默了一会，说："这些情况他们倒并未和我说过，那你说怎么办？"

"我有一个建议，证监会目前正在要求开展股权分置改革，现在是整个股市最低迷的时候，我们不妨趁着现在股价比较低的好时机，先把浦发银行的国有股权相对集中起来，确保市国资掌握绝对的控股权，今后就无后顾之忧了。然后浦发银行进行股改，因为不完成股改证监会也不会批准浦发银行增资，而且我相信股改结束后浦发银行的股价会恢复正常，那时再进行增发，估计增发价应该完全可以超过现在的增发价，这样做既有利于公司发展，也有利于所有老股东权益的保护。"

"好，那就这么办。"冯副市长一锤定音。

2005年4月29日，证监会宣布启动股权分置改革试点工作，轰轰烈烈的股权分置改革由此拉开序幕。9月4日，证监会发布《上市公司股权分置改革管理办法》，我国的股权分置改革进入全面铺开阶段。上市公司股权分置改革是通过非流通股股东和流通股股东之间的利益平衡协商机制消除A股市场股份转让制度性差异的过程，是为非流通股可以上市交易作出的制度安排。

冯国勤常务副市长亲自主持召开浦发银行非流通股股权集中的市政府协调会，时任市政府副秘书长吉晓辉参加。经过多次艰难的磋商协调，2006年1月，由上海市政府全资控股的上海国际集团与前十大非流通股股东中的六家签订了股权转让协议，受让16.08%浦发银行股权；同时，上海国际集团下属控股公司上海国际信托投资有限公司继续增持浦发银行；2006年2月，上海国际集团再次将浦发银行另外16家股东的股权收入囊中，上海国际信托投资有限公司同时也受让3家浦发银行股东股权。一系列股权转让和集中完成后，2006年4月10日，浦发银行发布公告，以全体股东98.997 5%的赞成率通过了股改方案，其中流通股股东赞成率为93.539 8%，非流通股股东赞成率为99.952 1%。2006年5月12日，浦发银行发布《股权分置改革实施方案公告》，公告中，上海国际集团有限公司直接及间接掌控的浦发银行股份比例为33.89%，实施对价后，上海国际集团实际掌控的浦发银行股权比例仍为30.83%，成为浦发银行第一大股东，掌握绝对的控股权。

　　股改完成后，浦发银行的股价趋于稳定，回归合理性。花旗银行如要增持，其价格将更加市场化，而且由于上海国际集团实际掌控的浦发银行股权比例高达30.83%，花旗银行即使增持也已无缘浦发银行的控股权。最后，花旗银行放弃了增持计划，这或许是由于浦发银行的股价回归了合理性，比原先的拟增发价高出了许多；亦或许是因为花旗银行遭遇了金融危机。一年多后，浦发银行引进了新的战略投资者——中国移动，2010年3月10日，浦发银行和中国移动双双发布增发预案，浦发银行以每股18.03元的价格向中国移动广东子公司定向发行22.01亿新股，共计募资398.01亿元以补充资本金。交易完成后，上海国际集团有限公司直接和间接合计持有浦发银行24.32%的股份（按截至2009年12月31日的持股数测算），仍为浦发银行第一大股东，广东移动持有20%的股份，成为浦发银行的第二大股东。就此，浦发银行国有股东保持了第一大股东的地位，避免了今后被收购的可能性；浦发银行引进了真正的战略投资者；同时，浦发银行中小投资者权益也得到了有效维护。看到这样的结果，我非常欣慰。

2018年，浦发银行实现营业收入1 715.42亿元、净利润559.14亿元，年末资产总额62 896.06亿元，分别比1993年成立时增长509倍、430倍和718倍；年末资本充足率13.67%。浦发银行在2019年《财富》世界500强中位列第216位，2019年中国服务业企业500强榜单发布，排名第29位。看着浦发银行如今的发展成果，我是既为之高兴也有些小小的成就感，因为自己在这中间也尽了一点儿绵薄之力。

上海电气并购重组

　　20世纪90年代，我国的国有资产管理体制改革进入政资分开阶段，即政府的社会经济管理职能和国有资产所有者职能分开，在此过程中，上海起步较早。1993年后，上海相继将19个行业主管局或行政性公司改造为由政府授权经营的国有独资控股公司和集团公司，由它们代表国家对下属企业行使国有股东的权力，上海电气集团就是其中之一。1995年上海市机电工业管理局改制组建企业性的上海机电控股（集团）公司，1996年经上海市政府批准，上海机电控股（集团）公司与上海电气（集团）总公司资产联合重组，合并后的集团命名为上海电气（集团）总公司。2004年3月，上海电气（集团）总公司继续混合所有制改革，组建了上海电气集团有限公司，2005年4月在香港H股上市，更名为上海电气集团股份有限公司。2008年11月11日，上海电气集团通过换股方式吸收合并上海机电股份，实现了H股回归，并发行A股，募资29亿元。

现在的上海电气集团股份有限公司（简称"上海电气"），已发展为中国机械工业销售排名第一位的装备制造集团，旗下有电站、输配电、重工、轨道交通、机电一体化、机床、环保、电梯、印刷机械等多个产业集团，拥有上海机电股份有限公司等多家上市公司和上海三菱电梯有限公司等50多家合资企业，员工总数超过70 000人。

上海电气作为企业集团利用资本市场一路做强做大，我亲历其中，并在他们遇到难题和困难时，提供一些专业建议，从中发挥了一些积极作用，时任集团董事长夏毓灼曾经戏称我是他们的编外干部。至今回想起来，有两件事尤其令我记忆深刻。

上菱电器资产重组增发新股

上菱电器股份有限公司（简称"上菱电器"）的前身是上海电冰箱二厂，1989年更名为上海上菱电冰箱总厂，20世纪八九十年代，其生产的上菱冰箱在上海几乎家喻户晓，市场知名度很高，1995年产量达到巅峰状态。上菱电器于1993年底、1994年初发行A、B股票，公司B股和A股分别于1994年1月31日、1994年2月24日在上交所挂牌上市。1995年12月，原上海轻工业局和原上海第二轻工业局合并改制组建成一个具有独立法人资格的国有独资企业——上海轻工控股（集团）公司。1997年底，上海市政府决定，经国家国有资产管理局批准，上菱电器原控股股东（国家股持有者）——上海轻工控股（集团）

公司将其所持有的上菱电器64.55%的股份无偿划拨给上海电气集团总公司。彼时，上菱电器的冰箱主营业务大幅下滑，上海电气集团开始谋划并购重组，欲将旗下上海三菱电梯等优质资产注入上市公司并增发新股，以期完成上菱电器由家电制造企业向机电一体化投资型公司的转型。

当时的上海三菱电梯有限公司（简称"上海三菱电梯"）是一家由上海机电实业公司（简称"机电实业"）控股52%的中外合资企业，而机电实业是上海电气（集团）总公司的全资子公司。

由于上海三菱电梯为中外合资企业，根据合资协议规定，企业任意一方股东变化，其他方股东有优先收购权。因此，如果直接将上海三菱电梯中方控股权注入上菱电器，则意味着外方有优先收购权。当时，上海三菱外方股东也正想要增加股份意图控股公司，所以是断然不会同意将上海三菱电梯注入上菱电器的，而且还可能乘机要求增加持股权。直接注入行不通，那怎么办呢？他们想到了我，那天，上海电气集团的夏毓灼董事长把我约到了他们集团在锦江宾馆旁边的办公室，让我一起帮忙想想办法。听他们介绍完了相关情况、具体打算和操作难点后，我觉得重组的关键是把上海三菱电梯外方的关系排除出去，才能做成。然而，怎么做才能让重组与外方没有关系呢？这时，我想到了《公司法》中的公司分立，却没有把握能否实施。于是，我问夏董事长，"上海三菱电梯的中方控股公司是谁？"

"机电实业。"他说。

　　"机电实业和集团是什么关系?""是集团的一个子公司。"

　　"那机电实业里面都有些什么资产?"我接着问。

　　"大部分是上海三菱的控股权,还有一小部分的其他资产。"夏董事长答道。

　　"机电实业的银行贷款等债务多吗?"我得到的回答是"不多"。

　　"哦,这样的话倒是有一个办法,不知道你们可不可以做,《公司法》里有一个条款,明确公司可以分立,就是把一个公司分成两个,但是要走向债权人公告的法定程序。"我说。

　　然后,我详细地和他们解释了具体的操作办法:第一步,对上海三菱电梯的中方控股公司——机电实业实施公司分立,即将除了上海三菱电梯股权以外的资产分离出去,设立另外一家公司,同时保留机电实业的公司名称和法人地位,该公司中只剩下上海三菱电梯的控股权,使之成为一个只持有上海三菱电梯的控股公司,但是机电实业须按照《公司法》规定通知债权人并予以公告;第二步,公告后,若债权人无异议,再将机电实业这个分立后保留的公司注入上菱电器。这样,既将上海三菱电梯注入了上市公司上菱电器,又避开了上海三菱电梯外方股东。因为只要作为上海三菱电梯控股股东的机电实业不变,无论机电实业的股东怎么变化都不需要征得上海三菱电梯外方股东的同意。这样就可以规避合资协议相关条款了。

　　他们听了我的意见,非常高兴,觉得终于有办法了。然后他们找来律师制订了详细的操作方案,一段时间后就将相关重组方案、申请报告等文件上报，报经证监会同意后，上海电气集团就实施操作了分立、重组方案。先将机电实业进行公司分立，按照《公司法》规定通知债权人并按时间要求实施公告，然后将机电实业公司及资产整体注入上菱电器。1998年12月30日，上菱电器发布公告，将该公司持有的15.59亿元的应收账款、在建工程、长期投资等不良资产转让给上海电气（集团）总公司；以9.07亿元价格受让上海电气（集团）总公司全资子公司机电实业100%的股权，而机电实业持有上海三菱电梯52%的股权。这样，上菱电器就间接持有了上海三菱电梯52%的股权。

至此，上菱电器通过部分资产及股权置换转让的方式，顺利完成了实质性的资产重组，通过重组使公司整体资产质量得到提高，产品结构和产业结构得以优化，引入了电梯行业作为公司重要主营业务，使得公司业绩大增，竞争能力明显提升，筹资能力得以增强。

1999年6月30日，上菱电器发布新增发行社会公众股12 000万股的招股说明书，7月9日交易结束后发行停牌，最终发行价格11.80元。通过成功增发新股，上菱电器募集资金14.68亿元，用于向上海电气（集团）总公司收购成熟资产，进一步致力于机电行业内的发展，转型成为高科技机电企业。

2003年8月，上海上菱电器股份有限公司名称变更为上海电气股份有限公司，2004年9月，公司名称由上海电气股份有限公司变更为上海机电股份有限公司。

上菱电器重组后，张宁（右四）陪同证监会领导李小雪（右五）考察公司

沉着冷静，抓住机遇，低价收购高斯国际

　　美国高斯国际公司拥有170年左右的历史，是全球三大印刷设备制造企业之一，曾为全球最大的卷筒纸胶印机供应商，生产企业主要分布在美国、法国、日本等国家，但是后些年业绩下滑，被一家美国资产管理公司收购而退市，私有化了。2010年6月10日，这家国际著名的轮转印刷机生产企业被上海电气集团股份有限公司（上海电气）全资收购。当年，这在国内确实是一件有影响的事，被称为"中国印刷装备全资并购国际大型设备企业的一个里程碑"。在这个收购过程中，我依据自己的专业知识和职业敏感在收购价格这个环节，及时为企业和领导提供了有益的建议和意见，为国家、

为上市公司降低了收购成本，节省了大笔外汇资金。

当年上海电气在原上海高斯印刷设备有限公司中有40%的股份，与高斯国际还是合资关系。2007年，上海电气拟收购高斯国际，由于此收购行为是跨境收购，当时在国内还很少，而且收购标的较大，因此，上海市政府高度重视，2008年1月2日，时任常务副市长冯国勤和分管副市长唐登杰为此召开了专题会议商议，市政府各相关委办局的领导参会。因为涉及上市公司，作为唯一一位中央在沪单位的上海证监局局长，我也出席了此次会议。会上，各相关委办局领导从不同的角度分析，认为收购对企业技术提高和进一步发展有利，对改革开放有利，基本认可此事，并表示支持。会上我翻阅了上海电气提供的相关材料，包括高斯的一些财务数据，上海电气也报了拟收购基本价格。轮到我发言时已经差不多是最后了，我说："基本同意前面各位说的意见。但是，这个收购价格是否应该再研究一下？因为我初步看了高斯的财务数据，前面连续几年都是亏损，今年前几个月还是亏损，到底依据什么确定这么高的价格去收购呢？这个价格是如何计算出来的？"听了我的疑问，上海电气的财务总监回答说："这个价格是公司聘请的境外财务顾问（据说是大名鼎鼎的美国麦肯锡咨询公司）计算的。"我接着问境外财务顾问是如何计算的？回答我说是用未来现金流方法计算的。我说："这个方法我知道，它有现成的软件，只要把未来现金流数据输入，就能算出价格，但是这个未来现金流数据又是哪里来的？连续亏损哪来那么多的未来现金流？你们一收购过来马上就会产生那么多未来现金流吗？我知道这些未来现金流数据都是'拍脑袋'来的。但这脑袋是谁拍的呢？"回答说是财务顾问拍的。我说："财务顾问报出来的数据可信吗？有科学性、合理性吗？你们自己是否也应该作分析、判断呢？"我又接着问："你们与财务顾问签订的合同中，财务顾问是否按交易额以一定的比例收取费用？如果是的，那么对财务顾问来说，当然是交易价格越高、标的越大越好！"我想这诚如另一家美国专业咨询机构的高层所说，出于自身的商业利益，评估公司只是对用户的需求提供服务而未必会讲真话。最后，我建议他们还是应该自己估算一下，未来现金流到底是多少，并以此计算出合适的价格。结果两位市领导基本都同意我的意见。于是新一轮价格谈判再次启动。

一年多之后，我碰到时任上海电气集团董事长徐建国，因为和他是同学，比较熟悉，所以见面就问他，"怎么样，后来高斯收购了吗？"

"收购了。"

"收购价多少？"我追着问。

"拦腰一刀再一刀。"徐董事长不无自豪地说。

当时正值美国金融危机，那家美国资产管理公司急于出售高斯国际，再谈判时，在上海电气的坚持下，只能下调了出售价格。2010年6月，这宗重大海外资产收购项目以"拦腰一刀再一刀"的价格胜利落下了帷幕。能够在中国上市公司跨境收购中提供专业意见并取得实际效果，我感到非常高兴，这也是对我们证券监管者专业水平和能力的考验和肯定。

海通证券"借壳上市"

　　作为中国国内成立历史最悠久、体量规模、业务实力最强的证券业主体之一，海通证券一直是资本市场中不可忽视的一支力量。目前，该公司已经拥有体系化的业务处理系统、遍布世界的销售通路和稳定扎实的投资者基础。在资管、经纪、投行等老牌券商经营领域中保持优势地位的同时，海通证券还积极开拓新兴市场，先后在私募股权投资、证券信用交易以及金融期货市场中站稳了脚跟，并获得了长足的发展。

　　回首海通证券刚成立时的1988年，恐怕当时的人们很难想象这家公司将会成为国内20世纪80年代成立的券商中唯一一家能坚持营运三十多年，而且几乎未接受任何政府注资扶持的领军企业。从如今的视角来看，可能很难想象如此体量的券商巨头，在发展前期曾经历经风雨飘摇，面临过危机。

　　事情还得从2003年至2004年间说起，那是在股权分置改革之前，股票市场普遍不景气，上证综指甚至下降到了1 000多点的关口。市场如此惨淡，行业普遍经营很不景气，券商各项业务受到了巨大影响，海通证券同样难逃厄运。

　　一天，当我还在国外出差的时候，有证监局同事突然向我报告："张局，我们得到消息说，海通证券的大股东上海实业要把海通的股份卖掉，免得因为海通经营惨淡造成他们损失。""哦？"我一听，不禁有些焦急。券商的日子难过，海通也在苦苦支撑。如果这时候股东突然以低价抛售股份的方式退出，对海通不是雪上加霜吗？会对市场造成很大的消极影响。海通作为上海最早的三家证券公司之一（另外两家是申银和万国，当时已经合并为申银万国证券），在沪上证券市场中发挥的重要作用不言而喻。想到这一系列潜在的不良连锁反应，我如坐针毡。当务之急，应当是向相关方面查实消息，想方设法保持股东的稳定性。

　　事不宜迟，我取消了直接回上海的行程，改签机票专门绕道去香港，准备约见时任上海实业董事长蔡来兴。对于说动这家实力雄厚的企业决策，我的内心还存有一些希望。上海实业的全称是上海实业（集团）有限公司，别看有"上海"二字，其实这家企业是地地道道的香港企业，同时也是上海市在香港的窗口企业。最重要的是，在数十年间，上海实业实际上一直发挥着作为大型国企和香港中资企业的双重职能，不仅仅作为市场主体谋求盈利，还充分发挥着境内外资金吸纳、技术交流的桥梁作用，培养了一批具有国际视野的人才。可以说，上海实业当时一直坚持以市场化的商业运作模式，承担着推动香港与上海两地的城市建设与经济发展的社会责任。

想当初，蔡来兴董事长曾经担任过上海市委、市政府副秘书长，还担任过上海市证管会的领导。在上海实业研究和筹备在香港交易所上市时，他曾经邀我去港帮助协调、处理相关事宜，甚至还曾打算让我赴港共事。1995年我曾专程去香港为上海实业联系、引荐了香港证监会、香港联合交易所等机构的相关专业人士，帮助上海实业顺利完成发行上市前的一些前期准备。因此，蔡董事长可以说是我的老领导、老熟人了。

见面那天，蔡董事长约我在上海实业的香港南洋酒店见面。双方落座寒暄几句之后，我就开门见山地问："蔡董，我听说上海实业要把海通证券的股份卖掉？你们是有这样的考虑吗？"蔡董事长没有给出明确的回答，而是反问道："你对这件事怎么看呢？"对于我这个见证了上海本土证券经营机构成长的人而言，深知当时海通稳定发展对市场稳定的重要性。我说："我的想法是希望你们能够慎重地考虑卖出海通股份的事情。现在整个市场低迷，普遍都不景气，海通也同样如此。但是这不是海通本身的经营问题，是整个市场大环境问题，是股权分置改革的'达摩克利斯之剑'悬在头上的缘故。在这种情况下，你们即使找到愿意接手的下家，价格也会被压得很低。对于你们而言并不是十分有利。"

顿了顿，我又接着讲道："从我个人看法来说，与其现在匆匆忙忙地卖掉海通股份，不如再等等。第一，等到市场环境转好的时候再卖，那时候的价格会比较合适；第二，从整体发展趋势上看，外国资本来华投资的限制在未来可能放宽，外资也允许投资证券机构了，到那时，像海通这样的公司如果卖给外资，可能会获得一个更为理想的出售价格；第三，您管理上市公司，也知道股改之后股票价格走势很可能攀高，证券公司经营状况也会改善，到那时候你们甚至不需要抛售股份，可以选择直接让海通证券上市，在公开市场上的股票价格岂不是更好吗，何必急于现在一时呢？"

蔡董事长听了我的话，微微点了点头，若有所思。看来我的话可能有点作用吧，我也就此打住了。

后来，上海实业的另一位高层管理者遇见我时，曾和我提及，在他们公司的董事局会议上讨论海通股权问题时，蔡董事长将我的意见转告给了决策层。经过激烈的讨论，最终决策层达成一致，决定不急于卖出持有的海通股份。

这一决定让海通、让上海实业都获益匪浅，过了两年，在完成股改之后，股票市场行情迅速回暖，海通的经营状况也一扫之前的颓势，业绩蒸蒸日上。上海实业在此情形下，就没有再出售海通的股份。

之后，海通的发展比较顺利，到了2006年10月，海通证券筹备操作借壳上市。我们从海通证券给上海证监局的报告中获知，海通购入了锦州六陆5％的股票。得知了这一重大信息之后，我立刻通知公司处的同志持续关注这方面的信息，并找交易所调取公告前数日的股价涨跌幅、成交量及股东名单变化等数据。我特别叮嘱，"还要特别关注以往成交量与近期成交量变化的对比，把这些数据全部整理好备用"。我想，如此重大的证券公司借壳上市问题，市里可能要开会商议，市长很有可能会询问我们证监局的意见。

很快，我就接到了通知，当天下午3点股市收市后，时任常务副市长冯国勤在市政府召开协调会。我带上了准备好的各项数据资料，和公司处、机构处的处长一起前去赴会。

会上海通将打算借壳锦州六陆上市的情况作了汇报，并表示借壳上市各项准备工作都已经做好。接着，上海市金融办的同志对此表态予以支持：一家上海的大券商能够上市，是一件好事，我们支持。

最后，轮到我发言了。我将目光投向了市长，说："海通证券作为上海的一家大券商，我们支持它上市，但是领导，不知道有人跟您汇报过没有，此次海通准备借壳的锦州六陆并不在上海证券交易所挂牌上市，而是在深圳证券交易所上市。也就是说，海通一旦以借壳锦州六陆的方式上市的话，就意味着上海的第一家证券公司要去深交所挂牌上市了。"接着，我拿出了准备好的统计数据，汇报给与会人员："更为重要的是，大家之前可能都觉得海通借壳上市工作准备比较稳妥，收购过程中市场反应较平稳。然而，我们从深圳证券交易所调出的数据来看，锦州六陆股价虽然没有出现连续三个涨停板的异常波动，但是这个股价在三天之内每天涨幅超过9%，只是没有达到交易所规定的连续三天超过10%涨停板的异动指标，因此未进行停牌处理。另外，我们在交易记录中发现近几日每日交易量都达到了往常的五六倍之多甚至近十倍。"我停了一下，看了看会场众人的反应，"之前大家没有看到这些数据觉得没有什么问题，现在不知道大家对这样的价格和交易量变化有何看法？是不是觉得有问题？从我个人而言，我觉得有点儿问题，只是问题还没有严重到触发警报机制而已。考虑到数据变化幅度如此大，这其中不能排除存在内幕交易的可能性，而且，我们也发现了除了海通之外的其他个别法人的大额买单。"

我话音刚落，性情一向温和的市长就拍了桌子："这些情况为什么之前没有人跟我说？上海不能冒着这样的风险做事，绝不能有内幕交易，出任何的丑闻！这件事情不能这样做下去！"接着问我："张宁，你有什么办法解决这个问题？"

其实，在接到会议通知到发言之前，我一直在思考提出问题后解决问题的办法。听到市长的问话，我也想再确认一下："领导，我们确实还是想让海通上市吗？"

"当然，海通上市我们是支持的。"

"那我建议这么做。今天是周五，已经闭市了，周六周日本来就休市，利用这两天时间，市政府可以在市属国资控股的上市公司里找出一个壳公司，周六选定目标公司，周日做好借壳重组的初步方案。周一停牌公告。这样做，既能把海通借壳的事情做成了，也不会有任何内幕信息泄露的风险，更不可能有内幕交易了。"

市长当即"拍板"，提出三点意见，一是，海通借壳上市的思路是可行的，但一定要通盘研究，慎重决策，拿出一举多得的方案；二是，请国资委等相关部门一起研究方案，市国资委负责找个壳；三是，研究过程中不能泄密，周一公告。

市国资委主任马上转过头对我说："张宁，明天你也来，给我们提提建议吧。"

"好吧，我明天来。"我答应了。

会后，我就同公司监管处处长钱丽萍商量，哪家上市公司比较合适给海通借壳，商量下来，我们觉得都市股份这个壳比较合适。都市股份的前身农工商，在连续多年经营亏损、经资产重组后，更名为都市股份，现在已经达到了连续三年盈利，正好到了可以筹资的时候。但是都市股份仍面临着发展前景问题，苦于筹资没有用途。海通证券借用这个壳资源上市后，还可以马上筹资。第二天，我直截了当地提出了我们的意见。国资委主任马上叫来了当时都市股份所属的光明集团董事长，并向他说明了情况，他一听就答应了，因为光明集团拿出这个壳资源并不是就此退出，而是仍然作为大股东之一，并且变成海通证券的大股东，这对光明集团十分有利。

于是，接下来海通证券和光明集团就一起商议借壳都市股份上市的相关方案。由于整个操作是周五收市以后决定借壳上市，周六周日又不开市，周一直接停牌。从时间上直接杜绝了因走漏内幕信息而导致内幕交易的情况。2007年6月8日，海通证券借壳都市股份上市的方案最终获得了证监会的同意。据都市股份公告显示，证监会核准了公司重大资产出售暨吸收合并海通证券的申请，同意其向光明食品集团有限公司出售全部资产负债，并将海通证券吸纳并入该公司；准许都市股份吸收合并原海通证券后，将公司名称变更为"海通证券股份有限公司"，并依法承继原海通证券的各项证券业务资格，原海通证券依法注销。经过吸收合并，新海通证券的股份总数增加至超过33亿股。这是我国证券市场首例证券公司反向收购借壳上市的成功案例。

此后，我还专门就此事向证监会汇报了相关工作情况，并且自豪地说："我们做好了防止内幕交易的工作，监管得当。"在这次上市过程中，真正实现了多方共赢。海通证券成功上市，自然满意；光明集团旗下都市股份资产优质提升，市值大增，非常高兴；海通证券的大股东上海实业等通过持股公司上市筹资、扩大经营发展，股东价值得以体现，同样欣慰。

海通证券于2007年7月31日"借壳"在上交所上市后不久，就公开发行了新股7.56亿股，筹资260亿元。增发新股后，海通证券净资产和净资本分别由89亿元和52亿元扩增到348.56亿元和310亿元，分别增长到3.9倍和6倍。借壳上市后的海通证券市值大增，这一成功案例不仅使原都市股份国有股东保值增值，使海通的老股东实现价值体现，更重要的是，使海通证券获得了长足的发展，得以进一步在其经营的领域内大展拳脚，实现业绩腾飞。海通证券在各类证券业务中持续站稳领先地位。海通上市后实力大增，又收购了香港上市公司——大福证券，在港中资投行股权融资金额排名一度达到第一；在投行中的中国离岸债券发行数量排名也达到过第一的水平。此外，海通证券进一步开设了海通银行业务，以此为核心构建国际金融业务板块，凭借通过海通在多个国家及地区中帮助国内企业或投资者海外发展的经验与实力，海通进一步强化了中、欧、南美和非洲间的跨行业、跨领域、跨国界流通，把业务发展到更广阔的地理区域，真正做到了"走向世界"。

亲历股权分置改革

缘起：早期发行股票筹资，必须规避姓资姓社问题

股权分置，是指上市公司的一部分股份上市流通，另一部分股份暂时不上市流通。前者称为流通股，主要为社会公众股；后者为非流通股，大多为国有股和法人股。这种同一上市公司的股份分为流通股和非流通股的股权分置状况，为中国内地证券市场早期所独有。

我们现在谈股权分置改革应该先从股权怎么会分置谈起。自从改革开放以后，上海最早公开发行股票是在1984年末，当时中国证券市场刚刚蹒跚起步，国外是怎么做的并不清楚，连可以借鉴的相关资料也很难找到。那个时候的股票发行主要就是集资，人民银行上海市分行考虑到集资也要有个管理办法，从便于有序管理的角度出发，在同年7月制定了《关于发行股票的暂行管理办法》。《办法》内容很短，只有八条。其中第一条

明确"报中国人民银行上海市分行金融行政管理处批准后，可以发行股票"；第二条是股票种类和发行范围，明确了发行股票可以分为"集体股和个人股两种"；第三条就是关于股息和红利的规定，明确集体股和个人股不一样，每年的"股息和分红两者总额，集体股以不超过7.2%为度，个人股以不超过15%为度"。为什么同一股票集体股和个人股在股息和分红上差异这么大？主要是因为当时银行的存款利息不一样，企业存款利率低，而个人储蓄存款利率高，基本上相差一倍，所以在设计股权及收益时，也是参照银行存款利息差异化的思路，规定了个人股和集体股收益不一样，这就造成了同一公司两类股权的孳息权不一样。由此可见，那时的股票被人为地分成了个人股和集体股两种，埋下了股权分置的最初种子。而按照1993年颁布的《中华人民共和国公司法》规定则应该是同股同权。

1987年，上海真空电子器件股份有限公司（简称电真空）作为第一家试行股份制改革的国有大中型企业将发行股票，它的改制发行经过了很长一段时间的讨论，甚至可以说是争论。当时上海已有飞乐音响、延中实业等公司公开发行股票，但相比起来，飞乐音响是公开发行股票募资后设立的新公司，延中实业则是由一家街道工厂发行股票后变化而来的集体所有制企业，而电真空则截然不同，它不仅是国有企业，还是国有大集团公司，它的前身是上海市仪表电讯工业局下属的电真空工业公司，是全国真空电子行业重点骨干企业。当时，包括市体改办、人民银行上海市分行等相关部门都在讨论电真空是否可以上市，上海的高层领导也在讨论这个问题。讨论主要围绕国企上市后是姓资还是姓社，一种意见认为，国有企业不能发行上市，否则会改变了国有企业姓社的性质；另一种意见则认为，可以上市，因为只是筹了一部分资金，公司大部分还是国有控股，性质没有变。讨论的结果是后一种意见占据了上风。但是，为了保持国有股控股地位，当时还明确，公司发行股票以后，必须保持国有股绝对控股，而且不能卖，确保国企姓社的性质不会变，少部分面向社会公开发行，可以买卖交易。通过参考国外经验，最后定下来国有股占75%，面向社会公开发行个人股25%，国有股不允许交易流通，以确保国有股股东控股地位不变，确保国有企业的社会主义公有制性质不变。今天回过头来看，当初电真空的改制上市既为国有大中型企业改制上市开先河、闯出路子，但同时也为股权分置提供了理论基础和制度基础。除了最早发行的飞乐音响、延中实业、爱使电子、申华电工、豫园商城、兴业房产等上海的几个规模比较小的老股票是全流通股外，后面只要有国有股或发起人股的股票基本上都是股权分置的，也包括民企，因为要"一视同仁"。这是历史原因造成的。

　　1992年发行股票时，上海一度出现额度不够用的问题，当年国家给上海浦东开发政策的额度是1亿元人民币，但是想上市的公司很多，由于国企一般都比较大，按照国企允许公开发行25%的原则，以及上交所关于向社会公开发行股票不低于25%（当时规定在上交所二部上市最低不少于10%）的上市条件，1亿元人民币的额度根本分不了几家公司。为了解决这一问题，我们"挖空心思"想出了一个办法，由于法人股没有额度限制，通过公开发行法人股方式，用法人股替代解决个人股额度不够用问题。个人股和公开发行法人股两者相加计算达到25%公开发行的上市条件，这样一来，1亿元人民币的额度就可以多分几家公司了。当然法人股和个人股股权也是分开的，法人股在一段时间内不允许上市，但因其是公开发行也算是流通股。发行社会法人股的本意是解决个人股额度不足的问题，然而，在法人股的发行过程中，尽管已出台了禁止性规定，但最终还是出现了新的问题。由于法人股发行不是在营业部柜台发行，而是由企业自行发行，于是出现了以法人名义购买法人股后分给个人，或者是个人集资后以法人名义购买法人股的情况。对于这种情况，市证管办曾发文明令禁止，并明确查实后将推迟该法人股上市，但是这种情况仍然屡禁不止。市证监会于1994年决定法人股暂时一律不能上市交易流通。因此，法人股被股权分置也是有历史原因的。

1992年时，上海市财政局下属的国资部门研究尝试国有股是否也可以转让，当年尝试对陆家嘴、申能两家公司结合股权结构调整（因个人股比重太低未达到上市标准）将国有股定向协议转让给相关公司内部的社会个人股东94万股，收入近3亿元；还尝试将新世界、华联两家公司的国有股配股权证转让给社会个人股东，收入600多万元。由于这些尝试范围比较小，对市场并未造成重大影响。1993年1月，市国资部门又尝试直接在二级市场公开卖出国有股，将国企上海嘉丰股份有限公司作了尝试。那一天，国资办将嘉丰股份的部分国有股直接在上交所卖出，当天交易量突然放大，供求关系瞬间失衡，股价立即大跌，并引起市场连锁反应。股价的大幅波动引起了投资者和舆论的极大反响。上海市政府高度关注，并立即组织市计委、市财政局及人民银行市分行等相关部门召开会议，正式明确，国有股未经批准不得上市交易，停止了国有股交易，限制了国有股公开在二级市场的流通。

经过这些事后，国有股和法人股都不允许上市交易流通了，从此逐步开始了流通股与非流通股的股权分置。一直到1994年7月1日《中华人民共和国公司法》施行，才明确了同股同权，同分配的问题解决了，但是并未改变流通股与非流通股分置的局面。

1999年9月22日，中共十五届四中全会《关于国有企业改革和发展若干重大问题的决定》明确提出，"在不影响国家控股的前提下，适当减持部分国有股"。2001年6月12日，国务院发布了《减持国有股筹集社会保障资金管理暂行办法》，其中第五条规定，向公众投资者首次发行和增发股票时，应按融资额的10%出售国有股。7月26日，新股发行配合国有股减持的方案启动。但是，这一方案对市场股价产生了较大的影响，10月22日，证监会紧急叫停第五条的执行，国有股减持再一次暂停。

从当时的市场环境来看，股权分置的出现有其历史的由来，通过资本市场发行股票筹资必须要规避姓资姓社问题，发行过程中出现各种各样的现实问题也需要解决，国有股二级市场买卖对市场供求关系和价格的影响太大，集体股和个人股在股息和分红上的差异化所埋下的隐患等因素的叠加最终导致了股权分置。如果当时没有股权分置，股票市场也可能不会存在，不会发展。早期的资本市场改革也是"摸着石头过河"，会碰到各种各样的理论和现实存在的问题，改革只能在夹缝中运行，因此，股权分置不是没有原因的，要历史地看待，在当时的环境下不得不这样做，也是不得已而为之。

积极推动股权分置改革

随着国家经济体制改革的深入、社会主义市场经济体制的确立和资本市场的发展，股权分置越来越成为制约资本市场发展的根本性制度问题。一方面，尽管上市公司市值变大了，但由于流通股占比太小，证券市场上股票供不应求，导致股票价格被炒得很高，市盈率一直比国际上高很多；另一方面，上市公司的国有股、法人股不能流通，其股东的价值无法体现，股东的处分权和收益权无法真正实现，客观上形成了同股不同权。也就是说，公司股价与公司大股东无关，大股东也不关心公司股票在二级市场的表现，不关心市值，不关心公司价值创造，更没有市值管理，而往往将利益关注点只放在资产净值的增减上，该指标长期以来作为国资部门考核上市公司及其高级管理人员的指标，不管资产净值能否为上市公司、为股东带来业绩增长和效益。

随着时间的推移，越来越多的国有股、法人股持股股东提出流通的需求。面对股权分置存在的诸如同股不同权、同股不同利、难以形成市场化激励约束机制、抑制资本市场创新、与国际惯例不符等问题，各有关方面逐步认识到了股权分置改革的重要性和紧迫性，一时间，市场上关于股权分置改革的讨论和舆论越来越多。如果实施股权分置改革，就会有几倍于流通股的非流通股上市，这对于整个证券市场来说都是难以估量的供需变化，未来的市场价格走势会怎么样？基于这种担心，股权分置改革就像悬在证券市场每个投资者头上的"达摩克利斯之剑"，在它没有落地之前，股价就不敢涨、不会涨。因此，在2003—2004年，尽管我国宏观经济形势不错，股市还是一路下滑，上证综指基本徘徊在1 000点左右。关于股权分置改革的各种舆论甚嚣尘上，充斥了整个市场。

2003年初，时任上海市委研究室主任、市委副秘书长张广生给我打电话说："中央政治局常委领导想做些调研，你能不能找些人，大家一起聊聊。"他给了我三个调研题目，分别是：现在股票市场到底是什么状况？是什么原因造成的？有什么解决办法和建议？这其实就是一个股权分置改革的大题目。

我找了时任上交所总经理朱从玖、海通证券董事长王开国、申银万国证券总裁冯国荣和光大证券总裁解植春等四五个人，与张广生一起讨论股市状况、股权分置改革要不要改、如何改。当时，大家的意见基本一致，市场已经到了很低迷的状况，一定要进行股权分置改革，而且要尽量早改，长痛不如短痛。大家还提出了改革的具体方法和建议。最后，我们每个人会后都提交了一篇七八页的稿子给张广生，由他整理了一份建议，交给领导带到北京去了。与此同时，证监会也一直在开展全面调研工作，还专门来上海证监局开过座谈会，寻求解决方案，我们经过充分调研分析后，也向证监会报送了详细的意见和建议。证监会在经过各方面深入调查研究、综合论证后，最终形成了一份股权分置改革方案并上报了国务院。正是因为有了最深入的基层调研，在时任国务院副总理分管金融工作后，又经过充分地反复论证，将证监会上报给国务院的股权分置改革方案上国务院常务会议讨论并通过。2005年4月底，经国务院批准，证监会发布了《关于上市公司股权分置改革试点有关问题的通知》，正式启动股权分置改革。

股改最大的难点是决策

2005年5月，全国股改试点开启。上海情况比别的地方更复杂，有国企、有民企、有发行H股或B股企业、有含外资股的、有含不能流通法人股的等各种复杂情况，做起来比较艰难。当时，上海市国资改革正进入了一个新阶段，上海要用两年多的时间完成大型控股公司的改革，而且国资这一轮重组的特点就是国有控股公司与上市公司联动重组，这类重组的关键就在于将优质资产注入上市公司，利用上市公司、证券市场进行产业结构的调整。证监会启动的股权分置改革，正好契合了上海国资调整的需要。

上海市由常务副市长冯国勤挂帅，市金融办、市财政局、上海证监局、市外经贸委、市国资委及上交所等部门联合成立了上海市股权分置改革领导小组，开始全方位推进上海的股权分置改革工作。领导小组经常开会研究政策和公司股改具体方案，力求解决具体问题，加快推进。有些影响重大的企业如上海机场、原水股份股改中遇到问题，上海市市长还亲自召开专题会议研究讨论解决，这是上海股改工作顺利推进、较快解决的重要保障。

2005年6月3日，上海市政府在上海国际会议中心召开了上海市上市公司工作会议，148家上海本地上市公司高管悉数到会，证监会尚福林主席应邀出席会议并讲话。下午两点，尚主席在证监会办公厅主任刘新华、上市部主任杨华的陪同下，准时出现在这些上市公司高管面前。尚主席在会上讲了三方面的内容：一是介绍中国上市公司发展现状；二是通报证监会为提高上市公司质量即将采取的措施；三是股权分置改革。一个小时的讲话，一大半的时间都在说股权分置改革，显然这是尚主席上海之行的重点。"为什么中国股市屡屡出现掏空上市公司的问题？这是市场机制问题，在目前股权分置的情况下这些问题都解决不了。"尚主席认为，从2001年提出国有减持开始，股权分置问题已经严重影响市场预期，这种"恐惧"到了非解决不可的时候。他又着重解释了新老划断，认为只有在解决了股权分置问题后，再实行新老划断才比较平稳。他提出，上海上市公司在当地经济发展中的地位和贡献在全国各地区中是名列前茅的，代表了我国资本市场发展的趋势，希望上海上市公司能在规范运作和质量提高这两方面为全国上市公司作出表率；股权分置改革对提高上市公司质量具有重要的积极作用，证监会将积极推进股权分置改革，并创造有利条件，支持上市公司做优做强。这充分表明证监会对上海股改工作的重视和支持。会上，尚主席还饶有兴致地"抖出"了股权分置首批试点公司的出台背景，"哪家被选上，哪家就涨，因此我们选五一长假期间，不选五一就要等到十一了。"

当时，上海共有148家本地上市公司，总股本1 258亿元，总资产11 644亿元，净资产3 251亿元（截至2004年底），平均净资产收益率一直领先于全国平均水平。同时，大盘蓝筹股众多，其中净利润排名前15名的公司，实现利润占了148家公司的85%。上海的148家上市公司中，有138家需要股改，10家不需要股改（其中，股票全流通公司5家，纯B股公司5家）。上海上市公司的股权结构存在非流通比例高且较集中、国有股比例也较高的特点。上海上市公司还存在溢价发行社会法人股较多、实施过公司收购的较多、公开发行B股的较多、部分公司存在外资发起人股以及集团整体上市意愿较强等特殊情况。尚福林主席此次的上海之行，是寄希望于上海在股改上率先取得突破。上海作为国内证券市场的发源地，国资改革也领先于全国，证监会将股权分置改革从上海发力，由上海来做股改先锋，也确实在情理之中。

2005年5月15日，尚福林主席在接受新华社记者采访时明确表示："股权分置改革不仅是资本市场的一件大事，也是党中央、国务院的重大决策，开弓没有回头箭，必须搞好。"掷地有声的话语，充分表明了证监会坚持股改的决心。

整个股权分置改革能够比较平稳的、短时间内完成，与证监会出台的主要政策和配套政策是有很大关系的。比如在第一批股改试点期间，证监会曾在上市公司及券商保荐机构等不同会议上表示，试点企业将率先获准再融资，以及股改公司可实施管理层股权激励、股改后才能实施并购重组等激励政策。

2005年5月8日，全国股改首批试点公司名单出炉，三一重工、金牛能源、清华同方、紫江企业四家上市公司入围首批试点公司。紫江企业成为上海第一家进行股权分置改革的企业，也是首批试点中唯一一家民营企业。

紫江企业入围首批试点公司，这其中还经历了一番曲折。虽然是民营企业，但公司后续想发展并筹资，考虑到股改晚做不如早做，还能抢占先机，因此，公司对股改非常积极，讨论确定了股改方案后第一时间报到了证监会。我清楚地记得，那是一个周末，我接到紫江企业实际控制人沈雯的电话，他和我说："张局长，我们已经报了股改方案，但是，我在证监会里听到消息，第一批试点企业只允许国有企业，不放民营企业，我们股改方案都做好并报到证监会了。你能不能帮帮忙协商，争取把我们放进去。"

我马上给时任证监会副主席屠光绍打电话，"紫江虽然是民企，但是他们有股改的积极愿望，方案都准备好了，会里第一批能不能也考虑一下民企啊？"屠光绍问我上海市政府是什么态度，我说马上给常务副市长冯国勤打电话问一下。挂了这个电话，我又马上给冯市长打电话，我对冯市长说："证监会首批股改试点准备只放国企，外地已有好几家公司向证监会申报了，目前上海国企都还没有做好股改方案。现在只有一家民企紫江企业非常积极，已做好准备并向证监会上报了股改方案。能否让民企进入首批股改，会里说要听听上海市政府的意见，您能不能给会里表个态？"冯市长一听，二话没说，马上表态："没问题，我们肯定支持。这种改革的事情，第一批怎么能没有上海，民企我们也大力支持！第一批股改里面必须有上海企业！"于是我把冯市长的话原封不动地转告了屠光绍主席。证监会经过研究，最终同意了。上海紫江企业这家民营企业如愿进入了首批股权分置改革试点，成为第一批改革试点的四家上市公司中唯一一家民营企业。事后，证监会桂敏杰副主席感慨地和我说，广东有一家国企报了试点，但当地政府却要求他们撤回，而上海市政府则是力推股改，不论国企民企，在试点上一定要赶改革的头班车。同样是地方政府，就是不一样啊！

紫江企业的股改过程也颇为艰难，一方面，这家公司非流通股东中有部分是外资，股改涉及外资，按照规定，股改方案表决通过后还要到国家外经贸委去办理审批手续。对于外经贸委来说，这种审批更是头一遭，需要内部研究及走程序，所以审批时间非常长，这期间公司股票一直停牌。由于股票停牌时间太长，股民们意见很大，纷纷打电话或聚集到公司质询。还有个别小股东急等着用钱，到公司吵闹，沈雯只能自掏腰包帮助他们解决急用资金问题。另一方面，股东大会也不顺利，沈雯曾跟我抱怨说，"我虽然是公司大股东，是最大的老板，但开股东大会时，小股东们都在质询我，股东大会不表决通过，股权分置改革就不能进行，这时候，我感觉自己哪里是什么公司老板，分明那些中小股东才是老板。"这段时间，对于公司来说是第一个"吃螃蟹"的，能够坚持做下来，确实是非常不容易。

在上海的股改过程中，我们碰到了各种各样、层出不穷的新问题，面对问题，我们总是积极地想办法、动脑筋，尽最大可能去帮助公司解决问题，力争把股权分置改革工作顺利完成。

为保障股改顺利实施，证监会先后颁布了《上市公司股权分置改革管理办法》《上市公司股权分置改革业务操作指引》等文件，对制订股改方案、保护投资者权益、维护市场稳定和发展、遏制股改违法违规行为等都作出了具体的制度安排。其中为充分保护投资者特别是公众投资者的合法权益，要求上市公司的非流通股股东要通过投资者座谈会、媒体说明会、走访机构投资者、发放征求意见函等多种方式，与流通股股东进行充分沟通和协商，确定股改方案；经协商确定的股改方案经公告后，需召开股东大会，由流通股股东对股改方案进行投票，在投票过程中上市公司必须为流通股股东提供网上投票平台，网上投票时间不少于3天；股改投票表决后，上市公司公告表决结果，股票复牌，如果股改方案获得2/3以上参加表决的股东和2/3以上参加表决的流通股股东通过，股改方案方可安排实施，否则3个月后重新申请股改程序。

一些公司非流通股控股股东与流通股股东在股改对价上难以协商达成共识，股改方案就无法提交也难以获得股东大会通过，碰到这类情况，我们就帮助公司与投资人沟通，做投资人的工作。我在局里提出股改"牵两手"的工作方式，即一手牵上市公司，一手牵投资人。上市公司处负责牵手上市公司，按照分工推动各上市公司尽快拿出股改方案开展股改，并协调相关大股东。机构一处和机构二处牵手投资者，机构一处监管证券机构，由他们负责动员证券公司及营业部向其经纪客户（散户投资者）宣传股改的好处，抓好券商自营及其经纪客户的投票工作；证券投资基金是上市公司的大机构投资者，它们由管理基金公司的机构二处负责，与基金公司等机构投资者商谈股改的政策和好处，做好动员配合工作。我在局里反复强调，股改不仅仅是公司处的事，不要只想着盯牢上市公司推动股改就行了，上市公司的股改方案通不通得过掌握在机构一处和二处监管的投资者手中，所以我们一定要"牵两手"，这和我们以前的监管工作完全不一样，需要我们各个处相互配合，共同去做好上市公司、大股东和投资者之间的对接和协调，只有双方都同意并接受股改方案了，才能更有效地完成股改工作。我记得上海机场股改时，有三家基金公司持有上海机场股份比例较高，他们认为对价支付太低，而且公司还存在虹桥机场和浦东机场同业竞争的问题尚未解决，不同意股改方案，使得上海机场的股改工作一直无法推进。这三家基金公司中只有一家注册于上海，另外两家华夏基金和广发基金都属于注册在外地的基金公司，不在我局的监管范围内，机构二处"牵不了手"。幸好这两家基金公司的总经理我都熟识，以往工作中都打过交道，于是我给华夏基金范勇宏总经理、广发基金叶总逐一打电话，听取意见，并请他们支持股改工作。对他们提出的对价太低和同业竞争问题，我又找上海机场集团的董事长吴念祖商谈，吴念祖答应对价可以适当提高，但是两个机场的同业竞争问题比较复杂，不是他个人在短时间内能解决的，但承诺将逐步解决。我又将此意见及时反馈给两家基金公司老总，在我的协调沟通下，最终这几家大基金公司都被说服，在股东大会上投了赞成票，上海机场的股改方案总算顺利通过。但是，令我耿耿于怀的是，浦东、虹桥两大机场的同业竞争问题至今尚未解决，只能留给后人去解决了。

股权分置改革涉及上海本地的136家上市公司，情况各异，股改难度非常大，我们可以说是全局动员，各处室干部不分白天黑夜地做工作。在较短的时间里，基本完成了上海136家企业的股改工作。我们的成绩得到了证监会的高度认可，后来在证监会组织的全国各证监局的工作会议上，我代表上海证监局专门作了股改工作的交流发言。

总体来看，股权分置改革是从上到下的共识，在各方协同推进下，工作还算比较顺利。我感觉股改最难的是决策，当时，上证综指是在 1 000 点上下。市场上普遍担心，万一股改后，股指跌到 800 点、600 点，甚至崩盘了怎么办？所以，作这个决策是要有胆魄的。但我的观点是，股改问题解决以后，市场一定会好起来。1993 年上海嘉丰股份有限公司的国有股流通，造成市场大跌是因为突然放出大量股票，也没有考虑市场供需变化对其他投资者的影响，市场没有任何准备，所以造成市场供求均衡点向下走，股价下跌。股改后市场一定会向好的一个重要原因是，当时设计股改方案时，采用各种对价方式补偿了流通股投资者，而且所有方案都经过充分讨论，公开透明，流通股股东表决通过。

每家公司股改方案的决定权最终取决于投资者。支付对价方面，第一批股改企业，拿出了 10%～30% 的股权，不然中小股东不给通过。改革到后来还推出认购权证和认沽权证，将权证运用于股改也是一种创新，认购权证是非流通股股东支付给流通股股东的一种在一定时间内按一定价格买入股票的权利，可上市交易，宝钢股份就是采用的认购权证对价方式；认沽权证是非流通股股东支付给流通股股东的一种在一定时间内按一定价格卖出股票的权利，也可上市交易，上海机场当时就采用了认沽权证对价方案。用权证作为支付对价，国有股对价支付的股权相对就少了。股改前，股市行情低迷，再不决策，市场会迷失方向。而股改这柄"达摩克利斯之剑"落地后，股市相当于利空出尽，自然就涨上去了。现在来看，道理很简单，但我们经历过股权分置改革全过程的人知道，股改的决策和执行过程是非常艰难的。

股权分置改革在中国证券市场发展过程中具有重要的划时代意义，它是中国资本市场改革的里程碑，股改的成功为中国证券市场揭开了新篇章。通过股改这件事可以看出，要正确认识事情的历史条件和背景，任何事物都不可能脱离时代背景产生。改革是永恒的主题，因为人的认识总是有一定的局限性，往前走，局限性就会显现，新问题也会出现，甚至变成阻碍，所以一定要不断地改革，才能不断地发展。

投资者
保　护

宝延风波
——深圳宝安收购上海延中实业

时值1993年，上海市证券管理办公室刚成立不久。这时，新中国第一次证券市场并购事件发生了。这是由中国深圳宝安企业（集团）股份有限公司（简称"宝安公司"）对上海延中实业股份有限责任公司（简称"延中实业"）发动的一次收购行动。延中实业成立于1985年初，是上海最早的上市公司之一。截至1992年底，公司股本3 000万股，每股面值人民币1元，其中法人股占9%，社会公众股占91%，基本上是股份全流通公司。宝安公司是深圳的一家上市公司，机制比较灵活。

本来这次市场行为的并购在中国资本市场应该具有重要的意义，但令人遗憾的是，在这第一单市场收购中就发生了不规范运作的行为。1993年9月29日，宝安上海公司持有4.56%的延中实业股票，宝安集团的关联企业宝安华阳保健品公司、深圳龙岗宝灵电子灯饰公司分别拥有4.52%和1.57%的延中实业股票，也就是说，当时"宝安系"共计拥有延中实业10.65%的股票。随后，仅仅一天之内，"宝安系"拥有延中实业的股票就上升到15.9%。

宝安公司公告其拥有延中实业公开发行5%以上的股份，延中实业被停牌。这一收购的做法令延中实业与宝安公司之间产生了严重矛盾。延中实业指出，宝安公司拥有的延中实业股份一日之内暴增超过法规规定上限，且涉嫌与关联方联手操作规避法规及市场监管。

依据当时国务院发布并已经实施的《股票发行与交易管理暂行条例》，通过市场方式收购上市公司股份的，收购目标公司股份直接或间接达到5%就应当公告，随后经过一段时间之后可以继续以每次2%的限额继续收购，但每收购2%就应当公告一次。然而，宝安公司在一日之中通过市场方式连续收购最终拥有延中实业近16%的股份。由于"宝安系"采取大量一致行动人的账户进行收购，这一收购行为还具有一定的隐蔽性。等到当日收盘时，我们发现延中实业的交易量十分巨大，而当时宝安公告仅宣称收购了5%的股份。我们马上到上交所调取相关交易数据，进行查证，发现宝安及其一致行动人收购股份占比实际远高于此，未完全披露，正如延中实业所报。

为了了解这一事件，我作为上海市证券管理办公室副主任，约谈了宝安集团。宝安方面代表开门见山地说，"兼并收购在资本市场上具有很重要的意义，我问过厉以宁教授，他也认为这在经济学上非常有意义，有利于市场资源优化配置"。我马上回应："对，我完全同意这个观点，从经济学上来说，这的确有积极意义。但是，从法律上来说，有没有问题呢？法规规定，收购达到5%时就应该公告，而且每增加2%都有公告披露的义务，并且还有间隔期间。你们可以计算一下，按照法律规定你们需要多久才能收购到16%的股份？是一天吗？是这个价格吗？经济学上有积极意义的举动也要符合法律规范，这两个方面并不冲突。"宝安代表听闻此言后，并未作出正面回应，而是仍然和我反复强调兼并收购的积极意义。最后，我终止了这场毫无意义的"绕圈比赛"，直截了当地指出："我也是学经济学的，从经济学角度来说，我同意你的观点，但是法规就是法规，违规就是违规，任何单位、任何个人都必须遵纪守法，要接受相关法律规定的管制。"

收购出现了如此波折，宝安公司与延中实业之间就本次收购进程以及入主公司董事会等产生的分歧与争议也愈演愈烈，以至于在一段时间内宝安集团人员并不能顺利进入延中实业内部决策层。那次谈话后，我因公出国了一段时间，等我回国后，发现经过协调，双方最后以和解方式解决了。

但是，事情的解决并不意味着可以违规，该追究的还是不能少，有法必依，违法必究，才能维护法规的严肃性，才能保护中小投资者的合法权益。于是上海证管办将情况报告了证监会。1993年10月11日，时任证监会秘书长朱利和机构部主任张志平率队来上海调查了解情况，证监会、上海证管办、上交所进行了联合调查。10月22日，证监会在查清事实的基础上作出了如下处罚决定：

第一，宝安公司以关联方联手操作的不规范收购方式购买股份后占有的延中股份19.8%，按照相关法律规定，最早至少到1993年11月4日前才能拥有如此比例股份（按照法定程序计算的），因此，"宝安系"在该日期之前不得再次购入延中股票。

第二，"宝安系"中的两家关联方于9月30日卖给公众的20余万股延中股票利润归延中所有（属于"短线交易"）。

第三，对未按照法律法规履行收购信息披露义务的宝安上海公司予以警告处分并罚款100万元，对其关联方宝安华阳保健品公司和深圳龙岗宝灵电子灯饰公司给予警告处分。

在收购过程中是否有内幕交易，我们通过上交所交易系统查询，发现中国农业银行襄樊市信托投资公司上海证券业务部（简称"农行襄樊上证"）也在宝安收购期间大规模买卖延中股票，且农行襄樊上证还是宝安本次收购中的经纪人之一，涉嫌利用未公开信息进行内幕交易。我们也对此进行了联合调查。

经调查发现：

（1）1993年9月16日晚，农行襄樊上证与宝安华阳保健品公司（简称"宝安华阳"）双方业务人员洽谈业务时谈及宝安华阳将大量购入延中实业股票的内容，农行襄樊上证在得知这一内幕信息后，即于9月17日至27日分三次自营购入延中实业股票62.78万股，并于10月7日高价抛出。农行襄樊上证的上述行为，已构成国务院证券委员会《禁止证券欺诈行为暂行办法》（以下简称《办法》）第三条、第四条第一款、第二款和第六条第四款所称的内幕交易行为。根据有关证券法规，农行襄樊上证在这个过程中所获盈利人民币 16 711 808 元及现存延中股票余额5 300 股的潜在市场收益均属非法所得。

（2）1993 年 9 月 17 日至 27 日，农行襄樊上证自营购入延中实业股票动用资金近 672 万元，其中绝大部分是占用客户存入的保证金。这一行为，已构成《股票发行与交易管理暂行条例》第七十一条第六款所述"挪用客户保证金"的行为，并构成《办法》第十条第十款所述"违背客户真实意志，损害客户利益"的违法行为。

（3）农行襄樊上证在炒作延中实业股票过程中，在资金渠道、管理人员、信息利用和账务处理上，混淆自营业务与代理业务，已构成《办法》第十条第一款所述"证券经营机构将自营业务和代理业务混合操作"的违法行为。

基于上述事实，证监会最后开出了处罚及没收其内幕交易获益接近 1 800 万元的罚单，这也是证监会设立以后开出的第一张千万元大罚单。结果，该券商没有主动缴纳罚款，直到 1998年上海证管办收归证监会管理后，证监会才派了法律部吴晓东专程来上海，之后我陪他去了工商银行普陀支行将罚没款项划出，这才以账户划款的方式落实了处罚。

这件事情也给了我们一个深刻的启示，那就是光有禁止条款，缺乏处罚规定、执行措施，一切都将变成空谈，法规需要不断完善。资本市场监管不仅需要有法可依，还应当有法必依、违法必究，有必要通过处罚决定机关与银行等涉及相关被处罚人资产管理方的密切合作，及时有效地落实处罚，从而形成真正的监管威慑力，保障证券市场运行规范合法。令人高兴的是，2019年修订的《证券法》对收购有表决权的股份达5%及以后每增减5%、1%的行为都有了更明确的披露规范，还要求披露增持股份的资金来源，并且明确了违反者在买入后36个月内，对超过比例部分的股份不得行使表决权。从而使证券市场收购行为更加注重公开、公平和投资者权益保护。

富友证券挪用国债
回购资金风波

　　富友证券经纪有限责任公司（简称富友证券）的前身是一家注册于河南开封的地方经纪类证券公司，注册资本仅5 060万元。1999年，该地方经纪类证券公司增资扩股，新的大股东加入，2001年更名为富友证券公司，总部也迁到了上海。2002年，富友证券申请多时的增资扩股终获证监会批准，注册资本增至1.5亿元。

　　在这次增资扩股中，富有证券第一大股东的控股股东，即实际控制人正是大名鼎鼎的周某。周某进入后，该证券第一大股东的代表毛某接替原董事长担任了富友证券公司董事长，而毛某正是周某的小舅子。

　　2003年，抗击"非典"工作尚未结束，媒体就爆出周某之妻被香港廉政公署调查的新闻，证监会上海证管办（后更名为上海证监局）一得到信息，立即引起警觉，机构监管处6月3日便对富友证券进行了现场检查。检查中发现，富友证券董事长毛某已不知所踪。检查人员感到事态可能严重，马上要求公司员工将电脑打开，检查公司各项业务情况。公司员工开始借口说董事长不在，电脑无法打开。检查人员马上回应道，"现在我们是按照监管职责赋予的权力对公司进行监督检查，如果你们自己不打开，那我们技术人员也可以打开，你们看怎么办？"

公司人员犹豫了一会，最终还是把电脑打开了。检查人员进入计算机系统后认真核查，结果当场发现了令人心惊肉跳的大问题，有39亿元的表外客户代保管国债被回购，而且回购融入的资金竟然不知去向。检查人员询问公司相关员工，所有人都说不知情，要问董事长。

39亿元绝非小数目，检查人员立刻对公司国债回购的所有情况进行了仔细清理核对，发现这39亿元代保管的国债都是原上海市农村信用合作联社（简称上海农信社）和电力投资公司的，其中上海农信社是"重灾区"，涉及三个区县农信社，共33亿元。在核对过程中又发现，这中间有9.56亿元国债将于6月9日到期回购，也就是说，只剩6天就必须用资金将9.56亿元国债回购回来。而据员工所说公司的国债回购业务都由董事长毛某亲自操作，如果他不回来，这近10亿国债就无法到期如约回购，整个交易所国债回购市场将面临巨大风险。

现场检查组认为事关重大，马上赶回办公室向我汇报，我立刻意识到问题的严重性。据现场检查组报告，富友证券有5亿多元客户保证金还在账上。我初步判断，作为只经营经纪业务的证券公司，富友证券当前最大的问题不在于其本身的经营状况，而在于5亿多元的客户保证金不能再被挪用；39亿元国债回购资金应尽快找到去向并追回。更为严重的是，对于市场而言，如此大额的国债回购如果无法按约回购，势必会使国债回购市场"断链"，并对整个证券市场造成很大的冲击，进而影响到整个市场秩序的稳定和安全。情况非常紧急。我立即要求，迅速查清富友证券所有国债回购业务的情况，尽快形成书面报告报证监会和上海市政府；同时，管控住客户保证金，并想办法寻找公司董事长毛某。当天夜里书面紧急报告呈报了证监会，把公司情况及我们的措施一一说明，并请求证监会尽快向上交所提示风险，及早解决可能出现的风险问题。

当我们查到富友证券代保管的39亿元国债被回购套现并且资金不知去向时，我就隐约预感到资金可能已经很难追回，存在重大的风险；况且买这些国债的钱说到底绝大多数都是上海农信社存款人的，我想应该及时报告上海市政府。于是，当天下午我们也立即向上海市政府报告了此事，希望市政府能够要求上海农信社关注风险，并查清内部情况，尽快采取应对措施，追偿资金。当天晚上我接到市政府副秘书长吉晓辉的电话，让我马上到市政府去。去了后他办公室还有一个我不认识的人，经吉秘书长介绍，方知他就是上海农信社的领导。在秘书长的要求下，我又将此事来龙去脉说了一遍。农信社领导根本不相信有此事，他十分笃定地对我说：

"张主任，不用担心，我们查过了，所有的国债都还在我们账户上，肯定没问题。"

我说："这是国债回购，已经不仅仅是国债代保管了。我给你举个最简单的例子，就像银行的住房抵押贷款，你有一个房产，房产证的前面都是你和房产的信息，但这并不代表房子完全属于你，你得翻到最后一页，如果上面有抵押信息，那说明房子目前的状态是抵押给银行了，你需要还清银行贷款后房子才真正归你，是不是？同理，你现在要问清楚你账户上的债券是否已经被质押回购，如果已经做了国债回购，那这些国债实际已被质押在证券登记结算公司，不在你的账上了。"

国债回购是以交易所挂牌国债作为质押、拆借资金的信用行为，具体是指交易所挂牌的国债现货的持有方（融资者、资金需求方）以持有的证券作为质押，获得一定期限内的资金使用权，约定期满后须归还借贷的资金并按约定支付一定的利息收回质押的国债；而资金的贷出方（融券方、资金供应方）则暂时放弃相应资金的使用权，从而获得融资方的证券抵押权，并于回购期满时归还对方抵押的证券，收回融出资金并获得一定的利息。

"你们有没有弄清楚国债回购到底是什么意思？你们下属的农信社没有弄清楚就为了一点利息和周某商议并签署合同，在表外代保管国债并授权他们可以使用国债进行回购交易？你们下属信用社领导都是签过字的。另外，我还要告诉你一件事，我们在检查过程中，还发现电力公司签的合同，委托时间只有半年，利率却是你们的一倍多，而你们签的合同，委托时间是一年，利率却只有他们的一半，这也很不合乎常理。"我继续补充道。

听完我的话，农信社领导如梦初醒，着急了。他只是单纯从账户上去判断债券还在不在，却没有详细询问整个事情全过程和详细情况，殊不知，下面的各信用社早已将债券进行了其他授权，账面上的国债只是一个数字而已。

富友证券这一系列国债回购融资的操作手法是，客户与券商签订一个代保管国债的协议，按此协议，客户将所持有的国债托管在证券公司，但这项业务却是在表外的，表内不反映。而客户为了使现有的国债能产生额外收益，又私下与周某商议签订了一个允许使用这些国债的权利，同时可以收到一笔额外的利息收益。而漏洞恰恰就在这里，周某把这些客户委托代保管的国债拿到债券市场上去做了回购交易，得到融资套现，再将这些套现资金用作其他用途。由此可知，客户委托代保管国债协议，如果再加一个有额外收益的补充协议或者条款，其实就为别有用心之人或者券商动用客户资产违规变现融资提供了便利。当天半夜，富友证券董事长毛某人不敢露面却打电话给公司高管："回购的资金全都给了农凯集团，利息也是农凯直接划给上海农信社的。"这也证实了我们的判断。

我们后来查明，富友证券的实际控制人周某正是以这种方式，将客户托管的国债在市场上套现后，用于操纵徐工机械股票。从2003年6月2日起，也就是在媒体曝光周某之妻毛某事件之后，徐工机械连续出现七个跌停板，跌幅达54%，随着徐工机械流通市值蒸发大半，富友证券资金链断裂，已无力从市场上回购国债现券，客户委托代保管的国债将面临无法收回、遭受重大损失的局面。

为了防止富友证券及其实际控制人的违法违规经营造成的风险影响到经纪客户的合法权益，根据上海证管办的报告，6月4日一早，证监会分管证券机构监管的李小雪副主席给我打电话，要求坚决把保证金"看住"，稳定投资者。6月5日，证监会又及时采取了平稳过渡的风险处置措施，由中信证券托管富友证券的所有证券营业部并转移客户及其保证金，阻断了公司挪用国债回购的重大风险传导到其他投资人。这种平稳过渡的风险处置方式也为我们后续证券公司综合治理工作中化解和处置有关公司风险提供了有益的经验和借鉴。

当时，农凯集团和富友证券风险爆发还引起了国务院的高度重视，6月5日下午，市政府专门召开会议，传达了国务院主要领导的相关指示精神，并在会上提出"既要查清问题，又要保持稳定"的要求。紧接着，当天晚上，市政府副秘书长吉晓辉、柴俊勇又召开专题协调会，有市金融办、市公安局、上海证管办、人民银行上海分行、上海高级法院、市新闻办、市协作办及上交所、证券登记结算公司等相关单位参加，研究部署、协调配合共同做好富友证券相关风险处置工作。

在参与和处理这些工作的同时，我仍然处于一种焦急的等待中。因为我还惦记着6月9日即将回购到期的9.56亿元国债怎么办，证监会怎么没有反馈？我实在坐不住了，6月4日给会里

分管市场部和证券交易所的屠光绍副主席打电话，

"屠主席，昨天晚上我们局有一份紧急报告您看到了吗？"

"什么报告？"屠主席的口气显然不知情。

"昨天我们向会里报告的，情况非常紧急，富友证券有39亿元国债回购的资金不知去向，关键是里面涉及9.56亿元5天内即将到期的国债回购可能无法操作，由于董事长失踪，实际操作人找不到，资金也未知去向，面临无法按期回购的重大风险，您能否和交易所协调一下，赶紧采取相关措施，不要让交易所的国债回购市场出现断链。"

"什么？我没有看到啊！"屠主席似乎震惊了。

"我们昨天发现情况后，连夜分别报了证监会机构部和市场部。"我说。

"好，好，我知道了。"屠主席立刻挂断了电话。

第二天，屠主席一行就风尘仆仆赶到上海，一见面他就对我说："张宁，我带来了证监会对你的任命，任命你为上海证管办党委书记、主任，全面负责证管办工作。这事由于中央金融工委变化、证监会领导变动和'非典'，耽搁了半年。你们准备一下，下周一我去你们局里宣布。"说实话，对于非常时期的这份任命，我顿时感到仿佛有千斤重担压在了自己的身上，倍感责任重大，压力山大。整整一个星期，我夜不能寐，脑子里想的全是证管办的各项工作，特别是富友证券的风险处置问题。这使我真正体会到"临危受命"的感觉。

屠主席到上海后直奔上交所，召开会议专门商量国债回购到期问题的解决对策。在屠主席主持下，经过各方共同协商、讨论和研究，最后确定了处理方案：富友证券的国债回购业务由托管富友证券的中信证券来操作，回购资金暂时由证券登记结算公司垫付，回购质押的国债请法院予以保护性冻结，以保证整个国债回购市场不"断链"。最终操作发生的所有费用将来由挪用国债回购资金的农凯集团承担。就此，国债回购市场的风险得到了控制。

接下来，在保证市场稳定的基础上，上海证监局的工作重点就是负责查清富友证券挪用客户39亿元国债回购资金的情况了。我们查到了农信社、电力投资等客户与富友证券签订的国债代保管合同，以及另外一份收取利息的补充协议。在协议中有半年或一年的期限，又有不低的年利率。交给别人保管国债，还能收取不低的利息，真是奇怪的合同，这不像是代保管合同，倒更像是借贷合同。再查回购资金去向，只是据毛某说到了与周某相关的农凯集团，但具体去哪里了，我们也没办法查到真凭实据。这时，我们听说公安局已经对周某采取了相关措施，于是，我马不停蹄地找到了上海市公安局经侦总队总队长，请他们立个资金挪用案，这样更有利于查找资金流向。总队长和我说，"这个案子我们可以去查，但是有两件事你要和我说清楚，一是能否证明这些钱都进了周某个人账户；二是这件事的背景如何？"我一听就犯了难：我们哪有什么权力可以查到资金是否到了个人账户？这根本就不是我们证券监管的职权范围！

总队长告诉我，按照现行的刑法规定，挪用资金罪是以是否将资金挪用至个人账户作为定罪标准，如果无法证明资金最后进了周某的个人账户，就无法以挪用资金罪立案和起诉他。

"既然查资金挪用不行，那能否请你们帮忙问周某，国债回购的39亿元资金到哪里去了？"我又接着提要求。

"可以！"总队长爽快地答应了。

过了几天，我拿到了公安对周某的询问笔录，其中有句话是周某说"我拿去炒股票了，我吓也吓死了，以后再也不敢炒了"。看到这句话，我马上明白了，周某是用这39亿元资金操纵股票去了。我要求机构监管处查富友证券或周某操纵股票的方向及资金去向，最后查到一个信息，就是周某很有可能把这些资金用于徐工机械股票的炒作了，而且投入的资金量很大，周某可能在幕后操纵该股票，是否可以以操纵证券、期货市场罪来对他进行立案调查呢？因为我们还要追查这39亿元资金。

我们了解到公安部对周某案子专门派驻了一个调查组在上海开展工作，上海稽查局曹里加副局长告诉我，调查组负责人是公安部经济犯罪侦查局的胡局长，当时，胡局长还兼任证监会证券犯罪侦查局局长，曹里加恰好认识胡局长。真是踏破铁鞋无觅处，于是曹里加和稽查处长俞峰陪同我带着相关材料一起去找胡局长。我把整个情况向胡局长作了介绍，问他能否就此立案，胡局长说："按操纵证券、期货市场罪进行立案是可行的，但是我们还没有查过此类案件，从何入手呢？"我说："只要您这边立案，具体调查工作证管办、稽查局可以帮助组织开展。"大家讨论了半天，他同意立案了。回去后，我马上动员起全部的力量，组织了三个处的二三十人开展调查。由于徐工机械是深交所上市公司，所以我们先请深交所和登记结算公司协助查找了大量的交易数据，根据这些数据，大家分散到全上海二三十个营业部，对2 000多个证券账户展开地毯式调查取证，用了一个月左右的时间完成了这项工程量巨大的调查，并将所有调查资料移交了公安部调查组。

通过调查，有关部门核实并掌握了这些账户频繁交易徐工股票的证据，坐实了周某操纵证券、期货市场的犯罪事实。2003年9月，经检查机关批准，周某被上海市公安机关依法予以逮捕，2004年6月，上海市第一中级人民法院对周某以操纵证券期货交易价格罪判处有期徒刑两年六个月，以虚报注册资本罪判处有期徒刑一年，决定执行有期徒刑三年。

但是，被周某挪用的国债托管资金怎么办？这个问题我还一直记挂着。因为我知道，农信社的储户都是老百姓，许多还都是农民，他们辛苦积攒的血汗钱存到农信社，怎么经得起这么大的损失啊！整整33亿元啊，一旦事发，甚至可能引起挤兑，对社会稳定造成不利影响。我之所以报告市政府，也是对此动了恻隐之心并存有一个想法，周某曾向银行贷款，随着公司破产，贷款银行均进入债权人申报队列，因此我建议市政府，由于这笔托管国债的资金绝大多数来源于老百姓，而且查实了是被周某挪用，因此，农信社和电力投资都应该作为债权人加入申报队列，这样就可以彻底解决39亿元国债回购的市场风险了。最后，市政府相关部门将农信社等也纳入债权人队列，进入民事司法程序，最终以取得公路收费权的方式获得了补偿。

考虑到富友证券还留有挪用代保管国债资金的债务问题尚未解决，经过调查和研究，证监会于当年末最终对富友证券作出了撤销其证券经营业务许可的行政处罚决定。就此，富友证券作为证券经纪公司的风险被处置和化解了。

这个事件处理后，在2004年国务院副总理召开的证券监管系统座谈会上，我根据监管工作中的切身体会，在发言中提出，目前《刑法》中关于挪用资金罪以资金是否进入个人账户为定罪标准，但在实践中要取证资金进入个人账户确实有难度，建议对挪用资金罪是否进入个人账户不作为定罪的唯一标准，可以进一步扩展。

我的这个建议引起了领导和相关部门的高度重视，2006年6月29日，《刑法修正案（六）》公布，在第十二条中，对刑法第一百八十五条（挪用资金罪）后增加一条，作为第一百八十五条之一："商业银行、证券交易所、期货交易所、证券公司、期货经纪公司、保险公司或者其他金融机构，违背受托义务，擅自运用客户资金或者其他委托、信托的财产，情节严重的，对单位判处罚金，并对其直接负责的主管人员和其他直接责任人员，处三年以下有期徒刑或拘役，并处三万元以上三十万元以下罚金；情节特别严重的，处三年以上十年以下有期徒刑，并处五万元以上五十万元以下罚金。"

《刑法修正案（六）》公布后，证监局继续对周某原控制的两家上市公司进行检查，发现周某在其中一家上市公司中挪用了2亿元资金，涉及被挪用的资金主要有两笔：一笔是1亿元的土地预付款。2003年1月，该上市公司与上海市某镇对外经济发展公司签订了《土地使用权出让合作意向书》及《谅解备忘录》。根据双方协议约定，上市公司于2002年12月底支付1亿元的土地预付款。但是，上述土地使用权并未实际发生转让，而某镇对外经济发展公司则已将这1亿元支付给了另一家公司；另一笔挪用资金1.065亿元发生在2003年4月。最后查明，这2亿元资金被周某用于收购此上市公司，真可谓"羊毛出在羊身上"。我们将查实的资料移交给办案机关，这些资料也为后续法院认定周某的挪用资金罪提供了有力的证据。最终，占用的上市公司资金被追回，投资者合法权益得到了保护。

严控证券公司资本金风险

　　随着中国金融业的不断发展，中国的民营资本于金融业的布局也在不断扩展。越来越多的民营资本入股多家金融机构，××系正是这众多民营资本集团中最显眼的一个。

　　××系以某控股有限公司为运作平台，形成庞大产业，不仅控股、参股及曲线持有几十家上市公司，还构建了涵盖银行、保险、证券、信托、期货、基金、PE等机构的完整金融产业链，成为唯一几乎持有金融全牌照的民营资本机构。××系通过网状的资本运作结构，上市公司不断成立子公司，旗下壳公司不断与上市公司成立合资公司，通过相互交易，塑造高科技概念，调节业绩或者套取、转移上市资金。截至2016年末，××系所控股的金融机构资产规模合计已超过3万亿元。

　　试想，如果金融控股公司同时掌握银行、信托、基金、券商和产业，那么通过不同种类金融机构之间的关联交易，它们既可以自己在银行募集资金，自己做通道，再经过不同的资管计划或业务实现多重嵌套，如果这样就可以不花集团控股公司一分钱而获取充分的现金流。

近年来，金融控股公司越来越成为社会关注焦点，少数野蛮生长的金融控股集团抽逃资本、循环注资、虚假注资以及通过不正当的关联交易进行利益输送等问题越来越突出，带来跨机构、跨市场、跨行业的较大风险。金融监管部门加强了对金融控股公司的全面监管，以金融去杠杆的名义要求这些资本派系还清银行债务，以降低金融系统风险，将巨量资本释放到实体经济领域中去。

2017年，伴随着××系掌门人频传风波，××系在多起资本操作中临时退出，并开始频频出售旗下金融资产以偿还银行债务，由此可以看出，监管层正要求金融控股公司以偿债的方式来降低金融系统风险，且允许他们以市场化的价格出售旗下金融资产。2019年5月24日，央行、银保监会联合发布公告，决定对包商银行实行接管，接管期限一年，这家金融机构成为20年来中国首家被宣布由监管部门接管的商业银行。

早在十多年前，××系在上海就有控股的证券公司、期货公司和上市公司，出于监管的要求和职业的敏感，我们对××系开始重点关注。××系对金融机构控股最惯用的手法是：拿一笔资金注册或收购公司，完成后就将注册或收购资金抽离，然后用这资金或加上贷款再获取一笔资金，再去收购或注册公司，如此周而往复，通过拆东墙补西墙放大杠杆的手法将资本不断扩大。

　　当年，上海证监局按照证监会的部署，全面开展证券公司综合治理、上市公司挪用资金清理等几项重点监管工作。按照工作惯例，我会间隔性地听取各监管处的监管工作阶段性汇报，而每个监管处都会按照证监局摸索出来的关注要点、明确重点、盯住疑点、破解难点、消除盲点的"五点式"监管方式，分析、研究和锁定一些重点监管对象。各处在向我汇报时，我发现问题都不约而同指向了××系：期货监管处向我报告有一家期货公司一共1 000万元的注册资本，900万元被转走，只剩100万元在账上，实际控制人是××系；机构监管处也在汇报时提到，有一家证券公司资本金6亿元，注册资本中有5亿多元已不在账上，查下来已经转移至外地某农村信用社，该证券公司的大股东是××系，最后又查到这家农村信用社也为××系所控制；清理上市公司大股东资金占用情况时，发现有一家上市公司资金转出到外地某金融机构，可能存在大股东占用问题，大股东又是××系。当这一系列问题集中汇报给我，我马上意识到××系有问题，立即指示各监管处牢牢盯紧，监管工作就是要让好人感觉不到我们的存在，让坏人感觉到我们无处不在、无时不在。各监管处天天盯着这些公司要求尽快把资本金和相应资金转回公司，很快这些公司承受不了了，公司董事长们纷纷提出想见我，我知道董事长们解决不了问题，而这些公司背后的实际控制人就是××系，几个公司的问题必须一起解决，因此我一个人也不见，并且放出话：想见我，必须实际控制人亲自来！结果一个人都没来。

有一天，我接到了市政府有关领导的电话，电话中他对我说你能不能见见某证券公司的某董事长。我一听马上说："领导，这事儿您能不能别管？"

"哦哟，这里边是不是有事啊？"他马上感觉到了有问题。

"没事为啥不直接找我，非要通过您来找？"我说。

"我也是受人所托，实在没办法，"他无奈地说，"要不你就见一见，见了面该怎么说你就怎么说，我不管。"

"好吧，那就让他们来吧。但是请告诉他们，我只见实际控制人。"我答应了。

第二天，证券公司又打电话来约我见面，要求见面的还是某证券公司的董事长。得知情况后，我还是那句话回复他们："我答应过领导，让他们公司的实际控制人来见我，其他人一概不见。"我知道这些所谓的董事长是没有话语权和决定权的，他们来谈解决不了任何问题。

过了几天，在我的坚持下，××系实际控制人的妻子来找我了。见面后，我对她说："我知道你们夫妇都是名牌大学高才生，聪明能干，年轻有为。但是做事情必须讲规矩，我和你们素不相识，也没有什么过节，既然你今天来见我，我们就好好谈谈，争取把事情解决了。"

我先把调查掌握的三家公司的资本金和资金情况说给她听，然后我给她提出了三条路：

"经过调查，我们发现这几个公司的资本金大多数都不在公司账上，给你们的第一条路是必须把资本金转回公司，这是法律对金融机构监管的基本要求，持牌金融机构按法律规定必须要有资本金，没有资本金或者资本金不足额都是要吊销牌照的，你们应该不想被吊销金融许可证吧？"

"我们资本金都在的。"她马上分辩道。

"在哪儿呢？"我紧盯着问。

"在外地的银行里。"她说。

知道她会和我狡辩，我早就有所准备，"不是在外地的银行，而是在某地的某农村信用社里，我们已经查过了，那个信用社也是你们控制的。"我不客气地说。

"这农村信用社是你们的，我不能确定钱是否还在信用社账上。而且农村信用社是不能接受证券公司金融机构存款的。你们只要把钱转回上海，随便存在哪家银行都可以，我们看得见，监管得到，知道你们资本金还在，就没问题，不会再盯你们了。"我说。

"第二条路，你们如果实在是没有钱，资本金转不回来，可以卖掉一两家公司，按照现在的行情，持牌金融机构还是能卖出好价钱的，实在找不到买家，我们也可以帮你们找。"我抛出了第二个方案。

"第三条路，就比较难看了，你知道周某吧？周某被判刑其中有一条罪名就是抽逃注册资本罪。你们还这么年轻，还有大好前途，总不想断送在这里吧？那实在是没有必要，不值得。前面两条路你们可以任选，我建议这第三条路千万不能走。我也不是和你们过不去，持牌金融机构必须要有资本金，这是法律规定。我们是监管部门，这是我们的职责。"我动之以情，晓之以理。

"那我回去商量一下吧。"听完了我的话，她沉默了一会儿，回答我。

过了一段时间，他们将期货公司卖给了国泰君安证券。而对于证券公司他们却走了"第四条路"——迁往了外地，不久后又将这家证券公司与××系内另一家证券公司合并了。由于我们证监会派出机构实行的是辖区监管责任制，外地不是上海证监局的管辖范围，于是我们一纸报告，将情况向证监会进行了汇报，并提示应关注的风险，此事在上海证监局这里便画上了句号。而上市公司则被我们天天盯着没办法，只好将资金频繁进出公司账户，以应对我们的监督检查，但也不敢有太大的动作。

上海当时有近200家上市公司，18家证券公司，400多家证券营业部，20多家期货公司，50多家期货营业部，50多家基金公司，还有各类分公司及外资证券代表处等。面对这么多监管对象，我们不可能进行"撒网"式的监管，如果没有一些合适的监管方法和思路，就根本没办法做到有效监管。当时我们定了两条原则：第一，对所有机构上报的报表分管责任人必须认真看，仔细分析比对；第二，通过分析这些公司，按风险大小进行分类，对风险大的公司重点监管。通过监管实践总结出"关注要点、明确重点、盯住疑点、破解难点、消除盲点"的有效监管方法，我们集中兵力，对类似于××系控制的高风险公司的违规行为，及时有效地实施监管，履行了辖区监管职责，对其他公司也起到了警示和威慑作用，保障了大多数证券期货经营机构合法合规有序运作。

华安国际配置基金风险处置

    2008年，美国次贷危机引发的全球金融危机对世界主要发达国家造成了巨大的冲击，一些历史悠久的著名金融机构在此次危机中轰然倒下。2008年9月15日凌晨，美国第四大投资银行雷曼兄弟控股公司（简称雷曼控股）及其关联公司向所在地法院提出破产保护，引发全球金融动荡。

    1850年雷曼控股在美国亚拉巴马州蒙哥马利市成立，是为全球公司、机构、政府和投资者提供金融服务的一家全方位、多元化的投资银行。是《商业周刊》评出的2000年最佳投资银行，整体调研实力高居《机构投资者》排名榜首，《国际融资评论》授予2002年度最佳投行。其雄厚的财务实力支持其在所从事的业务领域的领导地位，并且是全球最具实力的股票和债券的承销和交易商之一。

    拥有158年历史的雷曼控股在美国抵押贷款债券业务上连续40年独占鳌头。但在次贷危机冲击下，公司持有的巨量与住房抵押贷款相关的"毒药资产"在短时间内价值暴跌，将公司活活压垮，2008年9月，公司宣布申请破产保护，总债务达6 130亿美元。

华安国际配置基金（华安QDII），曾经身披国内基金公司第一只合格境内机构投资者（Qualified Domestic Institutional Investor，QDII）产品的光环。QDII基金是指在境内设立，经境内有关部门批准从事境外证券投资的证券投资基金。

2006年9月13日，华安国际配置基金正式发行。基金采用定向募集方式，通过中国工商银行和华安公司的直销网点、电子商务平台销售。发行面值为一美元，以美元认购和赎回。由于当时投资者对QDII基金不熟悉，多持观望态度，该基金的发行并没有受到投资者的热捧，通过展期发行，最终于2006年11月成立。初始发行规模只有1.96亿美元，远远低于5亿美元的计划募集规模。中国工商银行股份有限公司担任该基金托管人，汇丰银行控股集团公司所属公司出任境外资金外资存管人。

根据《华安国际配置基金基金合同》《华安国际配置基金产品说明书》的有关规定，该基金第一个投资周期为五年。在第一个投资周期内，基金投资于结构性保本票据（又称"迷你债"），其所对应资金通过一定的结构和机制全额配置于收益资产与保本资产。

该基金保本人是雷曼兄弟金融公司（Lehman Brothers Finance SA.）。该公司负责就基金在第一个投资周期内投资的结构性保本票据向票据发行人提供100%本金保本。负责为其提供保本支付义务的是其母公司：雷曼兄弟控股集团公司。与此同时，雷曼兄弟特殊金融公司也是华安国际配置基金保本票据的基础资产之一的零息票据的发行人。

结构性票据（Structured Notes）产生于20世纪80年代的美国，是一种结合了固定收益产品和衍生性金融产品的创新理财工具。

华安国际配置基金投资的结构性保本票据，则是由票据发行人发行的并由保本人提供到期保本的五年期美元保本票据，但却属于流通受限制不能自由转让的基金资产。

在早期发行的QDII产品中，通过依靠国外投资银行购买类似的保本票据在全球市场获取稳健的投资收益，这种做法是很常见的。华安国际配置基金是第一只基金系QDII，作为雷曼和投资者之间的一个渠道，一般情况下基本无须承担任何风险。而该基金所投资的证券的发行人，也就是后来递交破产申请的雷曼控股，它才是对基金持有人承担责任的主角。

但是该QDII基金产品说明书中列示，结构性保本票据被提前终止的风险包括保本人不能履约的风险。即保本人雷曼控股因解散、破产、撤销等事由，不能履行保本人义务。此次华安国际配置基金保本票据的保本人和部分产品的发行人雷曼控股及其关联公司申请破产保护，其资产也将随之被冻结，基本上失去了保本的作用，因此，雷曼控股的破产，使得该QDII基金遭遇了其产品说明中所列示的风险。

2008年9月初，我局基金监管处已经高度关注雷曼控股的潜在风险并提醒华安公司做好相关交易安排以应对可能的风险。9月15日晚，雷曼兄弟宣布破产，消息一经披露，我局基金处第一时间就向我报告了。因为我一贯要求，凡是重要的、紧急的、突发的事件必须第一时间向我报告。我们马上向证监会基金监管部报告相关情况，同时，基金处紧急启动风险预案措施。基金部高度重视，16日上午基金部胡家夫副主任一行从北京飞抵上海，与我局基金处处长陶耿以及李鹏等一起组成风险处置现场工作小组，第一时间到达华安公司现场开展工作。

截至2008年8月底，华安QDII持有面值为96 400 000美元的结构性保本票据，相应的份额净值为0.954美元，净资产约为91 772 807.09美元；华安QDII基金的境内持有人共计8 735名（其中机构投资人11名，个人投资者8 724人）。雷曼控股等相关主体相继进入破产程序后，华安QDII持有的零息票据的价值归零，保本机制荡然无存，使结构性保本票据、基金财产及基金份额持有人遭受巨额损失。

风险处置的前期，工作组的工作重点主要是"维稳"。当时许多基金持有人知道了雷曼破产的信息后，纷纷来电或去华安公司，关注QDII产品是否能继续保本，QDII基金是否会清盘。媒体也开始推波助澜，主要媒体报道60余篇，其中一些报道消极负面。华安公司内部也是人心浮动，担心公司因此而一蹶不振。工作组一方面安抚投资者，了解情况，督促公司及时开展风险处置，要求华安公司及代销机构中国工商银行对QDII基金全部持有人进行全面登记，利用各种手段争取与持有人进行沟通，解释情况，说明当前的处理方法，争取持有人的理解和配合；另一方面督促公司积极想办法，拿出应对措施，并及时进行信息披露，引导媒体进行客观的宣传报道。在工作组的督促下，公司提出初步解决方案：由华安基金公司对华安国际配置基金持有的结构性保本票据承担到期保本责任，并随即召开公司临时股东会，讨论由公司股东来补足损失。当时公司股东基本已同意此方案，公司董事会及时作出了公司将履行到期保本责任的公告，避免市场的猜疑，稳定投资者预期。

在维稳的同时，工作组也制定了更高要求的利益保护目标。责成华安公司立即启动资产保全和追索工作，全力保护基金持有人利益。针对公司对涉外案件的未知和畏难情绪，我要求基金资产的保全和追索必须尽量实现全额保障的目标，在保护持有人利益的同时也不能轻易损害华安公司股东的利益，因为这些股东中多数是上市公司，而保护上市公司投资者的合法权益也是我们的职责。

9月16日左右，我丈夫告诉我，在网上看到新加坡金融监管机构宣布雷曼控股体系内所有公司在新加坡的资产一律冻结、不许出境。日本也宣布冻结雷曼所有公司在日本的相关资产。听到这些消息，我坐不住了，其他国家监管部门都可以采取冻结雷曼资产的措施以维护国家利益和本国投资人利益，我们是不是也可以这样做，毕竟保护投资者利益是证监会监管工作的重中之重。陶耿每天都会和我汇报工作小组在公司的工作进展情况，我跟他说："你们赶快去查一下，看看雷曼国际在中国还有什么资产，如果有资产的话，我们仿效新加坡、日本，对这些资产采取冻结等措施以最大程度避免损失。"陶耿很快就查到雷曼在上海有房产，但是考虑到房产的归口管理不是我们的职责范围，且存在变现难等现实困难，我认为还是要聚焦在雷曼是否还有别的证券类资产上，比如QFII之类的。因为我知道国际大投行大多有QFII，而且QFII业务都是由证监会直接管理的。按照我的要求，陶耿继续去查。皇天不负有心人，雷曼在中国还真有QFII资产，该资产持有者是雷曼兄弟国际公司（欧洲）[Lehman Brothers International（Europe）]（简称雷曼欧洲），其QFII账户上共有50多亿元人民币资产。得到这个消息，我大喜过望，直觉告诉我，这事有希望。

我对陶耿说："你再去查查，这家公司和华安的QDII基金是否有法律关系，如果有，那我们就有希望直接对它的资产实施冻结了。"

陶耿查完回来和我汇报："目前华安QDII基金的法律事务是由上海通力律师事务所承办，他们律师对QDII基金所有有关的法律文本进行了梳理查找，雷曼欧洲这家公司从未出现在任何相关的法律合同文本中，因此，并没有找到雷曼欧洲与华安QDII相关的任何法律关系，而且法律文本中都明确约定纠纷诉讼地为伦敦。"

"别泄气，你再亲自仔细找找看，不要光死盯着法律合同文本，从其他方面再深入了解一下，哪怕有一点点蛛丝马迹也不要放过！"我并没有放弃，又下了指令。直觉告诉我，他们之间应该有一定关系。

陶耿继续去仔细查找，这次总算带来了一个好消息，"从QDII基金的产品说明书和实际业务开展的角度，查到了一点关系，雷曼欧洲是QDII基金的境外投资顾问，而且在产品说明书中明确说明结构性保本票据的净值提供人为雷曼欧洲，QDII基金是每月开放一次，每次都是由这个雷曼欧洲进行报价，基金的赎回和申购都按此价格进行申购赎回，出风险后，雷曼欧洲就没有再报价了。"

"太好了，这不就是法律关系嘛！"我兴奋地拍起了桌子。

"可是，基金的所有法律文本上，毕竟都没有出现雷曼欧洲的任何踪迹。"陶耿还是有些不确定。

"这是事实上的法律关系啊，我们所说的法律关系，不能仅仅停留在纸面上，更应注重实际发生的情况，你看，雷曼欧洲有事实上的行为，每月一次报价，这是它的义务，说明它与QDII基金有事实上的权利义务关系，如果没有雷曼欧洲每月一次的报价，这个基金就不能正常开放申购赎回，那华安QDII定期开放式基金就变成了封闭式基金，基金的性质就发生了质的变化，这不就违背了基金招募说明书的规定了吗？因此，他们的法律关系是事实存在的，这一点毋庸置疑。"我进一步分析说。

"对，确实是这样。"听了我的一番分析，陶耿表示认同。

"你赶快去告诉华安公司和律师，这就是事实上的法律关系，必须按这个思路去准备后续工作。"我布置道。

后来华安公司和律师又找我们，还是纠结于合同文本中没有出现雷曼欧洲，没办法用法律关系与之相联系。我虽然不是法律的专业人士，但我懂法，雷曼欧洲没有出现在合同文本中，反而对我们是非常有利的，我给他们分析，华安和雷曼的合同中约定的诉讼地均为伦敦，这就意味着如果一旦出现合同纠纷，合同当事人只能选择在伦敦进行诉讼，适用的是英国法律，而非中国法律！这显然于我方不利。而现在雷曼欧洲与华安QDII的正常运作确实存在事实上的法律关系，却又不在合同文本中，就不适用诉讼地为伦敦的条款，这正是一个绝佳的机会，我们可以名正言顺地按照中国法律在合同履行地上海提起诉讼，而不必受合同文本对诉讼地的约束，这对于华安来说显然是个非常好的机会。

有了这些信息，我心里总算有了一些底。我就开始琢磨，怎么推进这件事落实。能否去证监会请求冻结雷曼的QFII账户，但是具体又该怎么冻结呢？事不宜迟，我决定立即进京向证监会领导汇报。我到了北京，直接面见证监会分管基金监管的会领导桂敏杰副主席，我把华安国际配置基金的详细情况以及目前新加坡、日本对雷曼作出的冻结措施等都向他作了汇报，并和他说："这些国家的监管机构都在积极保护本国投资者和国家利益，我们是否也应该马上行动起来。这个基金的投资者情况我们已经摸排过了，以散户投资者为主，认购最低门槛为5 000美元，许多投资者的认购金额也就在5 000美元出头，都是中小投资者。"

桂主席说："张宁，你知不知道证监会有没有类似的限制雷曼控股及其下属公司资产出境或者冻结的职权？"

"这我不是很清楚。"

"要不这样，你赶快到基金部或者国际部去了解一下，让他们先查查到底证监会有没有这个职权。"

我一路跑到楼下基金部和国际部，所幸我和这两个部门的负责人都比较熟悉，很快我找到相关部门领导并请他们帮忙查查，查实完的结果是，证监会并没有这方面的相关职权。

带着这个令人沮丧的答案我又回到了桂主席的办公室，我和桂主席说："刚才查过了，证监会没有这方面的职权。不过，"我接着说，"这个结果其实我在来之前也考虑过，如果我们没有这个职权，是否可以采取其他方式呢？像法院受理诉讼并冻结资产的方式。"

桂主席是学法律的，而且在国务院法制办工作过，是这方面的专家，一听就明白："这倒也是个办法，要不我们去找尚主席汇报，商量一下对策。"

我们马上起身去同一楼层的尚福林主席的办公室，这也是我第一次来到尚主席办公室。一进去，桂主席就和尚主席说："我带上海证监局的张宁来向您汇报有关华安QDII基金投资雷曼迷你债的风险处置情况。""张宁，具体情况你来说。"

我把整个事件大致的情况包括多少投资人、总共涉及多少资金、我们采取的措施、目前华安基金公司的风险处置进展情况等先向尚主席做了汇报，然后又汇报了日本和新加坡对雷曼公司已经采取的冻结和限制资产出境的信息，但是我们证监会又无这种职权的情况，以及我们查到的雷曼欧洲与QDII基金的事实法律关系、而雷曼欧洲在中国境内还有QFII资产等等。

"在证监会无权冻结雷曼资产的情况下，我建议，由华安基金走法律诉讼的途径，请上海市政府协调，请上海市高级人民法院立案，但恳请证监会同意让法院冻结雷曼欧洲在中国境内的QFII资金。"最后我补充了一句。

听完我的汇报后，熟悉基金业务的尚主席和桂主席马上明白了我的想法，尚主席只是稍微停顿了一下，当场表态："张宁，既然你们已经查明了证监会没有冻结这方面资产的职权，那我也没有办法。但是，保护投资者合法权益是我们证监会的职责，如果你能说服上海高院受理立案，那我就同意把雷曼的QFII资产给法院冻结！"真没想到，往常善于听取各方意见、再慎重决策的尚主席，会一反常态，当即拍板决策。"没问题，上海高院的工作我去做！"我兴奋地连忙说。

涉及外商投资，能够作出让法院冻结外商投资的证券资产的决定，这在当年，需要多么大的魄力和担当！"保护投资者利益是我们监管工作的重中之重"，这是证监会网站首页上的一句话。我想，可能正是基于此，尚主席才会打破常规，一举作出如此果断而大胆的决策吧。

带着尚主席给的尚方宝剑，我马不停蹄地回到上海。

我们以上海证监局的名义写了份报告，报给上海市政府办公厅，抄送市金融办。在报告中，转达了证监会尚主席的意见，并提出了两个建议：一是由华安公司以雷曼欧洲违反双方签订

的《产品合作协议》有关义务和责任为由，向上海市高级人民
法院对雷曼欧洲提起诉讼，请法院受理予以立案；二是鉴于时
间紧急，时间就是金钱，就是广大投资者的利益，请求法院对
雷曼欧洲在中国境内QFII资产进行诉前保全。报告上去后，市
政府立即组织召开专题协调会议，参加会议的有市高院、市金
融办和我局等相关部门领导及华安公司等，会议由时任市政府
副秘书长蒋卓庆主持。协调会上，华安公司先介绍了华安QDII
基金受雷曼公司破产影响的相关情况以及现状，我代表上海证
监局通报了已向证监会报告的情况，并转达了尚主席的意见，
又从监管和保护投资者利益的角度提出了前述的两个建议。会
议上，各相关部门基本都表示应该全力支持，但是，也有人说：
中国投资人利益确实是应该保护，但是这个事情涉及的雷曼欧
洲是外商投资，影响面大，外界的关注度也比较高，外事无小
事，我们还是要慎重研究，谨慎从事。另外，诉前保全不合适，
如果要进行财产保全，还是在诉讼中办诉讼保全更为合适。待
其他领导都一一发言后，我又谈了自己的想法，"确实'外事无
小事'，这是周总理在20世纪70年代说过的话。但是，目前来
看，我们中国老百姓的利益、广大投资者的利益、国家的利益
应该也不是小事吧？"听完这句话，大家都沉默了，老百姓的利
益不正应该是我们眼中、心中的大事吗？我之所以请求诉前保
全，也是担心时间紧急，如果按照正常程序走诉讼保全，查资
产、核实等都需要一定的时间，现在最要紧的是要立即锁定资
产，防止出现将来生效判决没有财产可执行的风险。当然，实

际操作还是要符合相关程序。

会上市政府领导提出，请市高院对这个诉讼问题进行研究，尽量保护中国投资者的合法权益。会后，市高院就此事进行了专门研究，据说还上报了最高人民法院，但最高院出于对外商投资的审慎原则，也需要作研究。

等了一两天，没有等来市高院的答复，我却接到了尚主席的电话。那时，上海证监局的办公大楼正在建造中。一天，我正陪同证监会范福春副主席在办公大楼施工工地视察，忽然手机铃声响了，我一看，是尚主席的电话。

尚主席问我："张宁，华安QDII基金的事法院受理了没有？进展得怎么样？我这边可都做好准备了，随时可以冻结。"看来尚主席比我还急，我想这就是高度的责任感使然吧。

我回答："尚主席，这边法院还在研究，他们认为这个事情涉外，风险比较大，境内金融机构在境内告境外金融机构又是头一回，从未遇到过，现在还在研究，没有回复，我马上再去盯。"

挂了电话，我想这事不能光是被动等待，还得再催催。于是拨通了市金融工委季文冠书记的电话："季书记，市高院那边您能否再给催催？这事我们尚主席也来电话问了，他那边做好了QFII账户给法院冻结的准备，我们这边还没个说法，好像我们上海还没有证监会着急似的。而且我们已经查过了，雷曼公司在中国大概总共也就这个QFII账户有50多亿元的现金证券资产，据我们了解，中行、农行、建行等其他几大银行也都有雷曼迷你债的投资，总值超百亿元，如果他们抢在我们前面提起诉讼保全，那我们就什么都拿不到了。这个情况以及可能的后果您还是要和市领导、市高院的同志再说说啊。"季书记听完后说："情况我知道了，我再去做工作。"过了一天，市高院表示可以受理了。事后我才知道，其实这一案件的受理，上海市高院也承担了很大的风险，这种从来未受理过的金融涉外案件，在短短几天内，从不了解到研究受理，实属不易，体现了非凡的专业水准和胆识魄力，这可是国内金融机构在境内诉讼境外金融机构的中国第一案，是开先河的。

2008年9月24日，在我们的督促下，华安公司向上海市高级人民法院递交了针对雷曼欧洲的民事起诉状，并向上海市高院申请冻结被告的财产，包括但不限于现金、银行存款、有价证券、不动产、动产、应收账款及其他财产性权利共计价值96 400 000美元的等值财产。上海高院随即于9月27日立案，并作出冻结裁定，对雷曼欧洲在中国农业银行总行营业部托管的QFII人民币特殊账户下的存款实施冻结，冻结金额为6.59亿元人民币，当日，上海高院执行庭法官即飞赴北京，迅速冻结了上述存款。这种高效率值得称道。该项冻结措施对此诉讼具有重要的决定性意义，为后续在本案中采取的"以诉逼和""以打促和"的方案打下了坚实的基础，使诉讼不仅仅依赖于和解谈判。

在后续艰难的谈判过程中，雷曼欧洲的英国破产管理人普华永道会计师事务所先是提出同意给予一半即约5 000万美元的赔偿，当时，由于人民币升值引发的汇率波动风险也会给基金造成损失，因此，对方觉得赔付一半是合理的。陶耿向我汇报，我表示坚决不同意，QDII基金投资的是结构性保本票据，合同中明确该票据是保本的，汇率风险没理由由我们来承担，必须100%全额赔付。我对陶耿说："我们手里有冻结资产做筹码，谈判的主动权在我们手中，一定要竭力争取。先不说现在资金被冻结，就算没冻结，他们也走不了，想走，先全额赔付了再说。"其实我知道，"他们走不了的原因还有一个，那就是这些QFII基金由于税收问题尚未有定论，国家外汇管理局和税务总局绝不会轻易同意他们出境。"知己知彼，方能百战不殆，正是因为抓住了对方的软肋，我们才有这样的底气，把谈判的主动权牢牢抓在我方手中。普华永道后来又提出一个条件，希望全额赔付后，上海证监局能同意其余资金出境。陶耿来问我行不行，我告诉他："答应他们，没关系的，最后还有外汇管理局，至于他们同不同意，这就不是我们证监会的职权范围内了。"我知道证监局没有这方面的职权，答应他们，对谈判有利，又不会对资金出境起到实质作用，何乐而不为？在我局的坚持下，通过法院调解，最后普华永道终于同意全额赔付了。其间，华安公司与律师团队也都做了大量的工作，包括聘请香港的近律师行，就被告提出的管辖权异议申请和被告违反《产品合作协议》的义务（违约责任）出具中国香港法的法律意见书；聘请英国法专家、英国御用大律师 Adrian Hughes QC，就被告违反专家责任（侵权责任）出具英格兰法的法律意见书；聘请境外投资银行专家费茨杰拉德博士 M. Desmond Fitzgerald，就结构性保本票据的设计缺陷（主要是不适当地引入了零息票据）发表其专家意见；聘请英国金融监管专家、前英国金融服务局FSA官员Michael Foot和Jonathon McMahon，就本案涉及的英国金融服务局监管规定的适用问题并出具专家意见，等等。

在整个华安QDII基金的风险处置工作过程中，证监会领导、证监会基金部、上海证监局和现场工作组等还在持有人赎回、基金估值、产品转型等重大问题上，始终坚持持有人利益优先，使华安公司、中国农业银行、汇丰银行、普华永道等机构能够积极配合风险处置工作，为资产保全方案的开展创造了有利的局面。

在上海市高院的支持下，经过两年多漫长的艰苦谈判后，由于风险集中处置阶段相关工作的准确与高效，雷曼控股和雷曼欧洲不得不赔偿了华安QDII基金所受到的所有损失，还按照一定的比例付出了期间的利息费用。2011年3月31日双方在上海高院签署了《和解协议》。2011年10月27日，华安公司收到雷曼兄弟国际（欧洲）公司支付的和解款项及利息合计4 724万美元。至此，众人关注的华安与雷曼诉讼一案落下了帷幕。加上前期已收回的收益性资产4 539万美元，华安国际配置基金收回投资本金的92.60%，基金终止完成清算，加上公司支付的保本承诺款，投资者收回的基金投资款约1.001美元/份，所有投资者收回本金。就此，华安国际配置基金所有投资者的合法权益得到了充分维护。而在同期，香港的雷曼迷你债投资者收回投资本金90%以上的比例仅占4%。

华安基金公司诉雷曼欧洲的成功案例，为国内司法机构处理此类涉外案件积累了丰富经验，也为国内雷曼迷你债的其他投资人提供了很好的借鉴。同样购买了雷曼迷你债的中国农业银行因作为雷曼欧洲QFII的托管人而了解到华安QDII基金诉雷曼欧洲的赔偿结果，随即依法效仿，也就此向法院提起了对雷曼的诉讼并申请诉讼保全，最终也获得了较为满意的赔偿结果。

华安国际配置基金风险处置的成功，是证监会、上海市政府、上海市高级人民法院以及证监会基金部、上海证监局等全力支持、完美配合的结果和范例。

华安国际配置基金风险处置的成功案例，也给了我们一个启示：在我国金融市场和金融行业对外开放度越来越高的情况下，国际金融危机传导到国内的风险将进一步增大。为了保护投资者和金融消费者的合法权益，维护中国国家利益，我们可以借鉴新加坡、日本等国的经验，通过立法明确，授权国家金融监管机构在国际金融风险波及国内市场时，冻结相关金融机构资产或者限制资产出境，以避免类似雷曼兄弟破产波及国内投资者和金融机构时金融监管部门面临的"尴尬"。

配合纪检调查上市公司

　　证券监管部门除了独立查处监管范围内的违法违规案件，有时还会与纪检监察等部门配合查案。其中配合上海纪检部门调查原上海某（集团）公司副总裁、上海某上市公司董事长范某贪污受贿案就是一个典型案例。

　　上海市纪检监察部门收到了一封举报范某将公司资金用于个人投资公司的举报信，市纪检委大案室主任打电话给我，问能否协助调查。我对他说，"我们是证券行政监管部门，只能按照《证券法》对监管职责范围内的上市公司及其大股东和相关董事、监事、高级管理人员等的违法违规行为进行调查或稽查，我现在不能判断这个案子是否属于我们监管范围，是否能查，如果举报信大致内容可以透露一点，我才能作判断。若可以，请你们持介绍信到我们单位来面谈。"过了几天，他与纪委秘书长来到了我们办公室。我了解到范某是拿了上市公司的钱用于个人投资公司，我初步判断这是挪用上市公司资金、侵害投资者权益，基本属于我们的监管范围。于是我们正式接受了他们的请求，着手准备调查此案。

通过内部研究，我们决定将此案交由上市公司监管处来办，为什么没有交给稽查局呢？主要是考虑到，按照规定，我们稽查局查处案件的前提是必须立案，而立案必须要有相关的初步证据。这个案子只是配合市纪检部门的一次协查，并未立案，所以，以上市公司监管处对公司进行日常检查的方式更为妥当。上市公司监管处立即组织人员，制订了检查目标和方案，对该上市公司进行有目标的现场检查。检查工作大约进行了三周，上市公司监管处向我汇报，检查结果确实存在相关问题。我当即通知市纪委相关同志。

后来，市纪委的同志告诉我，就在那些天，范某试图与妻子、孩子出境时，在浦东机场被市纪委拦下"双规"。估计可能我们现场检查组在调查取证的过程中触到了他的敏感神经和"痛处"。调查结束后，我们局将调查报告及相关的证据材料准备好并移交给了市纪委，完成了我们的协查。其实，这次协查是"一举两得"，我们查清事实后，监督上市公司收回了被挪用的资金，从而维护了公司和投资者的合法权益。

在我们的监管和稽查工作中，与纪检部门相互配合查案的情况时有发生。纪检监察部门查案如果需要我们协查，只要属于我们的监管范围，我们都是全力配合；我们查处的案子，如涉及市管干部，我们也会及时和市纪检部门沟通。记得有一次，接到举报某上市公司高管违反证券法规利用本公司的内幕信息进行内幕交易。这家上市公司相关决策的内幕信息很容易查实，但是整个调查过程颇为曲折。我们稽查办案人员先查了该高管的证券账户，发现他本人并无股票和资金账户，他的哥哥开有股票账户，但没有资金，而他姐姐的资金账户中却有大量资金，但这些与他本人并无直接关系；办案人员又查了网上交易下单的IP地址，发现该IP地址在其工作单位，正是该高管的办公室电脑，而且该账户交易非常活跃，有时候一天交易十几次。稽查办案人员找他本人谈话，他矢口否认，推说是其哥哥在该电脑上操作交易，我们只能再调看监控，并询问前台工作人员是否看见过其哥哥出入，答案当然是否定的。查到这个地步，已经是证据确凿。最终，上海稽查局报告了证监会，证监会依法依规对其利用内幕信息交易的违法行为处以10万元罚款。同时，由于该高管为上海市管干部，我们也将此情况向市纪委和市国资委作了通报。

　　作为证券监管部门，从保护中小投资者合法权益出发，对于监管范围内的违法违规必须按规定查处，这是我们的职责所在。当然我们的查处必须是重事实，讲证据。查处过程中办案技巧也很讲究，有些案子违法违规的手段非常高明，极其隐蔽，特别考验我们监管干部的智慧和能力，而监管的能力和智慧又会在监管实践中得到不断提升。

基金"老鼠仓"零容忍

"老鼠仓"是证券市场的俗语，特指一种营私舞弊、损公肥私的腐败行径，按照法律上来说，是指利用未公开信息交易，相关金融机构从业人员或监管人员，利用职务便利获取的未公开信息，从事与该信息相关的证券交易或者建议别人买卖该证券的行为。

2008年4月，证监会开出了"老鼠仓"处罚的第一单，上投摩根基金公司的唐某、南方基金公司的王某分别被没收两人的违法所得，各罚款50万元，并被取消基金从业资格。唐某案就是由我们上海稽查局调查完成的。此后，公募基金业鼠患频频，我们监管部门为了保护投资人合法权益，对"老鼠仓"等违法行为态度鲜明，零容忍，发现一起严厉查处一起。

在查处的多起"老鼠仓"案中，李某"老鼠仓"案非常典型，尤为引人注目，整个查处过程令人记忆犹新。

李某在投资界中声名赫赫，曾多次获得基金金牛奖、晨星年度基金经理奖等，"拿奖拿到手软"，是个不折不扣的明星基金经理。

基金公司"老鼠仓"有多种表现形式，最常见的是基金经理等在以基金资金买入股票时，个人资金先在低位买入股票建仓；待基金卖出该股票时，其个人股票部分先卖出获利。李某采用的获利方法也不外于此。

对于李某的调查始于一封举报信，内容主要是举报他违反基金从业人员规定买卖股票。收到举报信时，李某已经离开原任基金经理的公募基金公司，在上海某著名私募基金公司任职投资总监。

我们的调查人员先彻查了李某及其亲属的股票账户情况，结果一无所获。后来发现，李某提供的亲属身份证号码都有问题，要么缺一位数字，要么错一位数字，我们当然就查不到了。于是调查人员又查他本人的银行账户，主要看账户中大笔的资金往来，顺藤摸瓜，查到与他账户有大笔资金往来的几个账户，再查该账户持有人的股票账户，但是如何证明别人的股票账户与李某有直接关系呢？案件调查组想了很多办法，做了大量的调查和研究工作，对股票账户的每笔交易都查出IP地址，再查找李某的日常行程，两相比对，发现李某的日常行程轨迹与该股票账户交易的IP地址高度一致，比如说，他到了北京，彼时该账户交易的IP地址也显示在北京。如此，调查组再对他的电脑进行检查，核对IP地址，基本上都对上了。掌握证据后，调查人员与他本人进行谈话，他先矢口否认，但是，在事实证据面前，他辩无可辩，证据确凿。

证据表明，李某在任职某公募基金投资总监期间，涉嫌"老鼠仓"，且非法获利数额巨大。

2009年2月，全国人大常委会通过第七次刑法修正案，其中，利用未公开信息交易一罪，作为新增第四款列入第一百八十条，不同于通常意义上的"内幕交易"，而是包含了基金公司受托管理的资金运营情况、客户的交易信息等，即"老鼠仓"。

李某的"老鼠仓"案由行政调查经证监会移交公安刑事调查。由于按照我国《基金法》和《证券法》，任职私募基金以自有资金投资资本市场，尚不在监管框架之内，因此，对李某"老鼠仓"的刑事追究时间窗口，是《刑法修正案（七）》之后到离开公募基金之前。最终，李某因利用未公开信息交易罪被判处有期徒刑四年，罚金1 800万元人民币，违法所得一千余万元予以追缴。

参政议政

金融法院首倡议

随着我国证券市场的不断繁荣发展，各种违法违规行为也有所增多。我们证券监管部门及交易机构的同仁们一直警惕着资本繁荣下的"野蛮生长"，时刻关注并力求防范广大投资者的合法权益受到非法侵害。

短线交易也是监管中接触到的一种不正当的违法证券交易方式。短线交易是指持有上市公司5%以上的股东及上市公司的董事、监事、高级管理人员在法定期间（6个月）内，将其持有的该公司的股票买入后再行卖出或卖出后再行买入，以谋取不正当利益的行为。这是证券法明令禁止的行为，并规定了民事赔偿责任。

当年我们正关注着一家公司大股东运作不够规范的某上市公司，经过持续不断的监管，上市公司监管处发现这家公司股票交易量在短时间内发生了剧变，而且公司的股东也变更了。

经过向证券中央登记结算公司查询，公司有一股东通过司法拍卖购入7.89％的公司股票，持有两个月不到的时间就卖出了，涉嫌短线交易。

我国《证券法》第四十七条明确规定，上市公司董事、监事、高级管理人员、持有上市公司股份5％以上的股东，将其持有的该公司的股票在买入后6个月内卖出，或者在卖出后6个月内又买入，由此所得收益归该公司所有，公司董事会应当收回其所得收益。于是，公司监管处通知该公司，要求其按照该条规定，通过法院起诉实施该短线交易操作的股东，将其通过该交易获取的收益收归公司。

公司开始的态度很配合，很快这起案件就诉至上海某区基层人民法院。出乎意料的是，判决结果令人大跌眼镜，法院对《证券法》第四十七条的立法宗旨进行了解释，并认为主要针对的是内幕交易进行惩罚。由于当事人不具备内幕交易的主体资格，因此不能认定属于内幕交易，驳回了公司的诉讼请求。

公司监管处在工作例会上把这个情况作了汇报。我听后大吃一惊："这怎么了？内幕交易和短线交易是两件完全不同的事，怎么混为一谈了？"

"我们也没办法，法院这么判了，只得执行。"

"公司上诉了吗？"我问。

"公司认为太麻烦了，还未必能赢，不愿去上诉了。"我听到了这样的回答。

事实上，短线交易与内幕交易有共通之处，但也存在着很多区别。短线交易并不以利用内幕信息为构成要件，只要是持股5%以上的大股东或者是公司董、监、高人员，在6个月内买进股票再卖出，或卖出股票再买进，都属于短线交易。内幕交易则是指利用了内幕信息而做的交易，是违法甚至于犯罪的行为，短线交易更多类似于一种侵权行为。更何况《证券法》的立法宗旨不仅仅是为了惩罚明显的违法内幕交易等犯罪行为，也是为了规范上市公司的收购行为，保护广大中小投资者的合法权益。

事后，时任证监会首席律师、法律部主任黄炜对我说，"上海基层法院把内幕交易和短线交易混为一谈的判决造成的影响不小！怎么解决？"确实，这个案件判决中遇到了问题，而且是一个影响不小的问题，自然要着手解决，但又不太容易，毕竟司法是独立的系统，真正从根本上解决就更难了。我和证监局的同仁们就此进行了一系列的调查研究和分析，认识到上海作为国际金融中心，要真正解决好未来愈来愈复杂的各种证券违法违规问题和愈来愈紧迫的投资者保护问题，光靠证券监管部门是绝对不够的，必然离不开与司法审判机关的协同合作，也离不开一支高度专业的金融审判队伍。只有这样，投资者的权益才能真正得到公平公正的保护。

当时，我想到了一个途径，我是上海市第十一届政协常委、经济委员会副主任，作为政协的一分子，参政议政、建言献策就是职责和使命。我要将自己的想法和建议写成提案，引起有关方面的重视。更何况我还是上海市高级人民法院2008年聘任的特邀咨询员，那就更是义不容辞了。于是，我就此问题写成提案，又找了吕红兵律师和证券业的谢荣兴联合提议，在2010年1月市政协十一届三次大会上递交了此提案。提案明确提出，应积极推动建立上海金融法院。我们建议，一是调整细化金融案件分类审理标准，保障金融专业审判机构针对性地集中处理上市公司股权纠纷等真正的金融市场案件；二是加强法院与金融监管部门的合作沟通，为审判人员提供专门的金融知识及政策培训进修，打造一支金融法律业务能力过硬的审判人员队伍；三是先行先试，积极争取在上海率先设立专门的金融法院，进一步完善上海国际金融中心建设的金融法治环境。据我所知，我们当时关于设立金融法院的建议，可能是全国最早的。

没过多久，政协通知，我们的提案已经被市政协列入当年的重点提案，朱晓明副主席将带队到上海市高级人民法院交流。

我们提案的三人一起随队来到上海市高级人民法院，接待我们的是时任上海市高院院长应勇同志，高院副院长及金融庭庭长等也在场。会议中，应勇同志肯定了金融法院设立的意义和重要性，也谈了目前法院改革建设的规划。他还补充说道，法院不应当受到金融监管机构的影响，而应当保持其司法独立性。

我解释说："我们提出设立金融法院，不可能也从没考虑过让金融监管机构来影响或管理。"

接着，我将海事法院和铁路法院作为例子："我们觉得金融法院应该像海事法院那样，既具有海事案件专业性，又完全受法院系统管理；不能像铁路法院那样，在法院系统外自成一体，受铁路系统管理。况且金融监管机构有'一行三会'，让谁来管理金融法院都不太合适，还是法院系统管理才最合适。"

我进一步阐述自己的想法："上海作为航运中心，有了自己的海事法院。那么作为金融中心，是不是也可以建设金融法院？根据法院系统每年的工作报告，金融类案件一直在不断增长，已经是一个明显的趋势，这也对我们法院系统设置专业的金融审判机构提出了客观需求。之前曾经在基层法院审理的短线交易案件中，将短线交易判为内幕交易。这个案件也反映出我们真的需要专业的金融法官。"

高院之行，让上海的法院系统进一步了解了金融发展对专业司法审判的迫切需求，高院"留作参考"的答复也为日后设置金融法院打下了一定的基础。

2013年11月，党的十八届三中全会出台的《关于全面深化改革若干重大问题的决定》中提出，"扩大金融业对内对外开放，健全多层次资本市场体系，推进股票发行注册制改革"。看到这句话，我意识到一系列金融业及资本市场的深化改革和开放势在必行。2014年起，证监会也陆续下达了配合改革措施的各项任务。

在这个过程中，我一直在思考一个问题，注册制改革将意味着证券发行上市制度会与国际上发达市场接轨，交易所将行使全国上市公司的发行审核权，跨地域自律监管的特征将更明显。在注册制下，审核将由实质性判断改变为以信息披露为核心，信息披露将会更加至关重要，将会成为投资者作出价格判断和投资决策的主要依据。一旦信息披露出了问题，投资者的权益势必遭受侵害。一旦发生侵害，证监会能做的只能是行政处罚。更重要的是，且不论对公司的处罚力度是否已经足够，在行政执法实践中，我还看到了其他问题。按照相关财务管理规定，公司所受处罚中的罚款必须从税后利润中缴纳，也就是从股东权益中出。最终，"羊毛出在羊身上"，可能会对因公司信息披露不规范而遭受损害的广大中小投资者造成"二次伤害"。因此，相对于行政处罚，民事司法救济制度对投资者来说更凸显其重要性和意义。与此同时，金融改革开放越来越深化和扩大，2014年底，"沪港通"已经启航，股票期权交易试点将要启动，原油期货交易中心在紧锣密鼓筹备中，自贸区金融改革在不断深化中等等，这些都迫切需要专业的法治保障。这些问题始终萦绕在我脑海中，再加上作为连续两届的老市政协委员，看到市高院工作报告中金融案件三年中增长近一倍的数据，更感觉到集中金融审判的迫切性。这些最终促使我在2015年又萌生了再次提案，建议设立上海金融法院的想法。当时，我担任了上海市第十二届政协常委、经济委员会副主任。再提老提案，自然不能忘了"老战友"。我再次请来政协委员吕红兵律师，提出了我的想法，我们共同商议起草内容。我提出了总体构想，初稿由他动笔完成，然后交给我修改，修改后再发还他作进一步调整。如此反复几回，最终得到了一个我们都比较满意的版本。

2015年的提案，我们从上海金融案件成倍增长开始，列举了金融领域改革开放创新出现的各种新情况、新问题，分析了金融案件专业性、技术性、跨区域化、国际化的特性以及金融审判的影响性、引领性都需要专业、专职、专门的金融法院，所以再次提出建议，在条件成熟的适当时机，考虑设立独立成建制的上海金融法院。提案修改完成之后，提交到市政协十二届三次大会上。

这份提案提交以后，又被列入了市政协当年的重点提案。时任市政协副主席姜樑带队，我们一行提案人又一次来到市高院与高院领导进行面对面交流。此时上海市高院已经完成了包括知识产权法院在内的一系列改革计划，终于可以腾出手来推进金融法院建设了。时任高院院长崔亚东很快给予了回复并积极推进落实。

除此之外，当年我还将这份提案交给了时任上交所党委书记、理事长桂敏杰，他是全国政协委员，他在全国政协大会上也递交了此提案。桂敏杰后来告诉我，最高院的副院长建议这个提案不仅要给高院、政协，还应当给全国人大。我笑着回应说，这确实不是高院一家能包办解决的事情，需要政法委、人大、政协等多部门配合。不过经过这次提案，从中央到地方都得到了这方面的信号，为推动设立上海金融法院创造了有利条件。

2018年3月，经过方方面面的共同努力，全国人大宣布建立上海金融法院。为了这一天，我和其他许多有心人已经前后努力并等待了八年时间。回想当初最先提出建立上海金融法院提案的时候，我庆幸这些年来自己一直初心未改，锲而不舍。设立金融法院作为维护金融秩序、保护投资者合法权益的最后一道屏障，意义深远。

市政协在金融法院调研
（李逸玉：中；茆荣华：左二；赵红：右二；张宁：右一）

为完善资本市场建言献策

除了设立金融法院之外，我也特别关注一些我国资本市场完善中的待解决问题、热点问题，并到市政协提出自己的意见和建议。

在税收政策方面，我和德勤会计师事务所的蒋颖等几位委员在2014年十二届二次大会上提出提案，应《不断优化个人证券投资税制，利于提高直接融资比重》。从2003年开始，我注意到中央金融工作会议和经济工作会议几乎每次都会提到要进一步提高直接融资比重、尽量抑制金融市场的系统性风险。党的十八届三中全会《中共中央关于全面深化改革若干重大问题的决定》中指出，"要多渠道推动股权融资，发展并规范债券市场，提高直接融资比重"。事实上，我国直接融资比重非常低，只有20%左右，而很多发达国家的比重维持在50%左右，有些甚至更高。

提高直接融资比重为什么会减少系统性风险呢？直接融资

是以股票、债券为主要金融工具的融资方式，这种资金供给者与资金需求者通过股票、债券等金融工具直接融通资金的行为，即为直接融资，直接融资能最大可能地吸收社会游资，直接投资于企业生产经营之中，从而弥补间接融资的不足。间接融资则是投资者与资金需求方之间并不发生直接关系，而是分别与金融机构发生独立的交易，即资金富余者通过银行、保险等机构，将其空闲资金提供给这些机构，再由这些机构与需要资金的主体进行贷款等融资。在间接融资环境下大量企业的生产经营及资金的风险实际都集中在银行中，企业的经营风险一旦积累到一定程度，就会引发银行资金安全风险，从而造成整个市场的系统性风险。而直接融资则有着分散金融市场系统性风险的作用。

目前，我国也已经对个人持有上市公司股票期间的股息红利所得按持股时间长短实行了差别化个人所得税政策，一定程度上鼓励了投资者中长期持有股票，从而促进了直接融资渠道的健康发展。但通过比较分析，我们发现，个人投资者通过交易所购买股票、公司债券参与直接融资时，仍然面临税率较高、重复征税以及税负不均等问题。

存在的问题主要是：

（1）仅对储蓄存款利息免收个人所得税与鼓励直接融资的政策导向不符。我国银行储蓄存款利息自2008年起暂免征收个人所得税。尽管已经实行差别化个人所得税政策，个人投资者持有上市公司流通股票期间获得的股息红利仍需要缴纳5%～20%

不等的个人所得税，公司债券利息所得税税率更是高达20%。高企的公司债券利息所得税不仅使得承担了较大风险的个人投资者实际收益率远低于预期，而且低于国债、地方政府债和金融债，也推高了发行企业的融资成本，这也是目前公司债券市场发展缓慢的原因之一。

相较储蓄存款、国债、地方政府债和金融债而言，持有直接融资的上市公司流通股和公司债券等税负过高，实际形成了鼓励个人储蓄或投资国债、金融债等免税券种，抑制股票、公司债券等投资的政策导向，这与十八届三中全会精神不尽相符。

（2）公司发放股息红利重复征税，个人投资者实际获利甚微。支付股息红利的资金来源是公司税后利润，这部分资金在公司缴纳了企业所得税，分配到投资者手中后又要再缴纳个人所得税，很显然形成了重复征税。另外，当公司在派发现金红利同时派发红股（资本溢价转增除外）时，由于红股也需要根据面值缴纳股息税，因此，投资者实际得到的现金红利大大减少，甚至可能为零，出现公司分红时投资者却拿不到现金红利的反常现象。

（3）个人投资不同金融产品的交易税负不均，不利于资金流向股票市场。目前我国个人投资者可以直接参与的金融交易中，仅对股票现货交易征收证券交易印花税，而政府债、金融债券、企业债券、基金、黄金白银以及期货等其他金融交易环节均无印花税。我国股票市场相对其他投资市场更为规范、更具国际影响力、中小投资者占比最高，然而参与该市场的中小投资者却承担了最重的交易税负，不利于实现税收调节个人投资资金流向的功能。

证券市场税收的主要功能在于增加财政收入、控制交易成本和持有周期、调节资金流向以及维护社会公平。目前我国税收功能发挥不均衡，前两项似乎体现得更为明显，而对于引导资金流向、提高直接融资比重和维护社会公平，则显得有所不足。随着证券市场范围、规模的迅速发展，相关税收制度虽几经调整，但还多以单项规定形式明确，缺乏统筹和整体设计，一定程度上导致了上述问题的存在。从我国证券市场的长远发展和世界各国的实践来看，以提高资金交易成本、导致证券市场流动性不足以及税负不均为代价，来增加财政收入是不利于证券市场健康发展和直接融资比重提高的。党的十八届三中全会在提出多渠道推动股权融资、发展并规范债券市场、提高直接融资比重的同时，也指出科学的财税体制是优化资源配置、维护市场统一、促进社会公平、实现国家长治久安的制度保障。因此，完善证券市场个人投资者税收制度既是提高直接融资比重的重要措施，也是进行财税体制改革，逐步建立综合与分类相结合的个人所得税制的重要内容。

为引导社会闲置资金流向，创造公平合理的税收环境，体现对直接融资的鼓励和扶持，降低银行体系的系统性风险，也考虑到税收制度改革的事权在国家层面，因此，我们建议，上海税收部门应综合考虑多方利益平衡及制约因素，率先研究个人投资者参与证券市场的税负问题，并向国家财税部门提出个人金融投资税制改革的顶层设计建议，消除重复征税及税负不均等问题，既有利于提高直接融资比重，又有利于上海国际金融中心建设。我们的具体建议是：

首先是制定对个人投资者持有公司债券以及其他债券与国债、地方债、金融债券、银行储蓄存款相同的利息所得税政策，公平税负，提高个人投资者投资企业债券的实际收益率，同时降低企业的债券筹资成本，满足企业的直接融资需求，推动债券市场大力发展。

其次是免征个人投资者持有上市公司股票所获股息红利的所得税。尽管已经对个人投资者获得上市公司股息红利实行差别化所得税政策，但是鉴于我国对居民企业持有上市公司股票（12个月以上）所获得的股息红利免税，对非居民企业、合格境外机构投资者（QFII）等投资居民企业（上市公司）也都未征收股息红利所得税，因此建议进一步深化改革力度，免征个人投资者股票红利所得税，避免重复征税，为个人股票投资者提供公平的投资环境。

第三是进一步降低股票交易印花税税率。2013年，沪深两市股票交易印花税征收合计超618亿元，而该项税收自开征以来，累计从市场中抽出资金（收税）超过6 000亿元。降低股票交易印花税税率，在减少参与者交易成本的同时也可以活跃市场，不会对国家税收和财政收入构成多大影响，但却能提高个人投资者的回报，加大股票市场直接融资的吸引力。

上海要建设国际金融中心，公平合理的证券市场税收政策是非常重要的投资环境因素之一，也是其核心竞争力的重要方面。通过推动建立结构完整、税负合理的金融投资税收体系，有利于提高直接融资比重，有利于保护中小投资者权益，有利于金融市场协调健康发展，切实推动上海国际金融中心建设。

我们的提案转到了上海市税务局，个税处的一位副处长和我交流时说，"没想到你们把金融产品中的个税了解得这么清楚，有些连我们都不熟悉呢。只是税收政策是国家定的，所以你们的提案被留作参考，今后我们会多关注"。

从2008年到2018年，我在第十一届、第十二届上海市政协担任了两届市政协常委、经济委员会副主任，在政协中履职了

2013年，张宁出席第十二届一次政协大会

十年。这段时间看起来很长，可是我总感觉过得很快。在政协履职期间，我留心着各种问题，思考着对策建议，认真参与每一个履职活动和会议，积极建言献策。因为我明白，成为政协的一分子，不仅是一种社会荣誉，更是一种社会责任和使命担当。2010年时，谢荣兴、我和王开国三名委员联名提出

的《关于上海各单位"呼叫中心"应招收残疾人就业的建议》提案还被评为市政协2009年优秀提案。

一个人的价值，不仅仅在于恪守其本职，还在于能在更广阔的天地中服务社会、造福大众，体现人的社会价值。在政协的履职工作中，我协助解决了一些他人的难题，也得到了许多有益于我本职工作的助力。这也是一段充实难忘的经历，让我充满了成就感和幸福感。

公益慈善

初心萌芽

我在人民银行、证管办、证监局、上交所工作的40年，正值中国改革开放的40年，正是上海乃至全国金融市场兴起、发展浪潮迭起的时代。风起云涌，谁主沉浮？作为一名监管者，我和这个不断发展的市场，和我的监管同事，和千千万万的投资者、经营者共同承受过不少风险艰难，也见证了许多光辉时刻。数十年的时间一晃而去，蓦然回首，才深深地感受到自己已经在资本市场监管领域中走过了一条曲折前行的道路。

长路漫漫，终有尽头。作为一名专业工作者、监管领导者，从长期任职的领导岗位上退下、将位置留给后来者是一个自然规律和必然过程。在担任上海证监局局长的后期，我便在闲暇时间考虑到这个问题，并且作了一些初步的设想和规划。到了快退出领导岗位时，我开始考虑着自己未来的生活，考虑退下来后还能为社会干些什么有益的事。当时，退休的同志可以选择去公司担任部分职务，如独立董事，收入也不错。但这并不符合我内心对于未来的期许。

　　说实话，在我从事金融监管工作的数十年间，监督、服务的对象基本上都是大公司、大企业、大集团或民企大老板。通俗地说，他们都可以算得上是"有钱人"。长期以来，我都在以各种方式、方法，指导、监督他们以合规的方式进行金融运作，并帮助解决他们合法运作中遭遇的难题和困境，从某种程度上来说，在从事金融业和金融监管的几十年职业生涯中，我都是在为"富人"服务。

　　在和这些商业巨子打了几十年交道之后，我自然而然地开始期望在领导岗位退下来后，从一个全新的领域出发，能够用"富人"的钱或资源去为"穷人"服务，去亲身帮助广大的普通群众、有困难的群众，解决他们日常生活中的难题。跨出资本市场，借助资本市场，走进困难人家的喜怒哀乐，力所能及地帮助他们解决自身难以逾越的人生障碍，这成为我心中跃跃欲试的新目标。

　　55岁时，我再次入学，就读于上海交通大学上海高级金融学院。有次"组织行为学"课程的老师在课堂上问起学员退休之后有什么想法。我举手回答："我想从事公益，帮助更多有需要、有困难的人。"她赞赏地冲我点点头，顺着我的话头讲起了慈善公益事业的社会意义和人生意义。这让我在理论上得到了更多启发，也算是树立了"理论自信""道路自信"，从而更加坚定了未来投身公益的决心。

把握机缘

幸运的是，机会不久真的到来了。五年之后，我到了退出领导岗位的年龄，已经基本完成了自己在上交所党委副书记以及监事会职位上的工作任务，卸任了，只专注于做市政协常委和经济委员会副主任的相关工作。令人高兴的是，在最终离开领导岗位之际，我参与并成功推动了上交所公益基金会的筹备和设立，这也是中国各大交易所中设立的第一个公益慈善组织，为资本市场支持公益慈善事业打下了基础，开创了一片新天地。

2015年2月2日，上交所出资1 000万元注册的上交所公益基金会正式成立。筹备时，时任上交所党委书记、理事长桂敏杰问我："张宁啊，我们设立基金会容易，可是设置以后谁去干呢？基金会设立以后可要有人干事，不能不干事啊。"我一听有这样一个好机会，正好可以实现我的人生新目标，立马自告奋勇、主动请缨："我来干！政协那边的事情不会太繁忙，我有时间能好好做这个工作。""好，就你干！"于是，我就担任了上

交所公益基金会的首位副理事长，基金会理事长是桂敏杰自己
兼任的。俗话说得好，"新官上任三把火"——如何脚踏实地做
好公益？如何挑选真正能见实效的公益项目？如何充分合理地
运用并管好公益资金？如何入手？这些问题都必须充分的思量，
这样才能为这个公益基金会开一个好头，奠定一个好口碑。

　　天赐良机，不久后的一天，我作为经济委员会的代表去市
政协参加一场市政府工作通报会。这场会议由时任分管副市长
时光辉负责通报，主要通报关于上海市对口援助帮扶贫困地区
的有关情况。我坐在领导对面，仔细听着上海市对口援助地区
的扶贫工作与情况介绍，听着听着，我的思维逐渐活跃起来，
我们上交所公益基金会不是正要找公益项目吗？和政府相关部
门已经富有援助经验的单位展开合作不正是一条路子嘛，这样
既能快速找到项目见到实效，也有助于提高自身的水平，边做
边学！这也正好切合今天会议的主题。想到这，我萌生了要
"发言"的冲动。

　　政协的通报会一般在市政府领导通报完相关情况后，会给
部分预定好的与会者发言交流互动的机会，最后才是自由发言。
但是，那次我不在预定发言之列，而会议剩余时间又不多了。
怎么办呢？我只能拼命举手，希望引起对面主持会议的蔡威副
主席的注意。然后打手势告诉他——就给我一分钟的发言时间
吧！帮帮忙！蔡威同志理解了我的意思，于是作出了调整安排，
在几位预定发言者结束交流后，点名我来发言。

　　话筒一递到手上，我立刻开门见山："上海截至目前已经做

了许多援助贫困地区的工作，听了很受启发。我有个建议，除了政府的工作以外，能不能发动社会上的力量和你们政府共同完成这项任务？比如说，我们上交所公益基金会成立几个月了，正在寻找合适的公益项目。如果你们需要，我们愿意配合政府一起做。"话音刚落，会场里响起了不少轻松善意的笑声。时光辉副市长马上笑着对我说，"会后你可以和市政府协作办联系这事。"一散会，市政府协作交流办的陈处长主动来找我，一边交换名片一边说："欢迎和我们一起参与对外援助！"我也笑着回答："上交所公益基金会很高兴能和你们合作。"

其实，政府良好的资信以及那么多对口援助干部都是我们找到真正有需要的好项目的保障，这是我从事公益事业时充分信赖并看重的一点。做公益，如果找不到真正需要而且能见效果的项目，等于捐助资金"打水漂"；如果情况不透明，就会产生各种各样的问题，甚至滋生腐败，这也开不得半点玩笑。而政府在公益项目所在地一般都有扶贫援助的干部，了解情况透彻并且可以帮助我们找到并实施合适的公益项目，或者和我们基金会形成对公益项目实施的双重监督，保障项目干净、落实并有实际效果。

有鉴于此，在公益基金会设立初期，我一直不遗余力地加强与政府的合作共赢。会后，我对基金会秘书长程文说："你们帮忙和协作办的陈处预约一下，我们去他那里一趟，详细了解公益项目的情况。""要不，请他们到我们这里来谈吧？"他说。

我理解这句话的意思，但我赶紧强调："别，就我们过去。

抓紧时间约，是咱们有求于人家。想做事就得主动，要有点诚意。"我们几天后前去拜访，在与市协作办陈处长商谈的半天中，获悉了许多政府支持和了解的对口援助公益项目的情况，受益匪浅。

2015年12月4日，张宁作为上海证券交易所志愿者服务大队大队长
参加公益宣传活动

实践善行

　　在全面、广泛地了解各项目情况后，基金会经过商议，挑选了部分适合基金会的项目。主要针对因病致贫、因残致贫等人群进行帮扶，体现公益扶贫的特点，这样可以形成在政府产业扶贫项目之外的有力补充，全面造福困难群众。

　　我们挑选的一个项目是"行走的渴望"，主要对我国云南文山州部分地区因残致贫人群开展公益扶助。在这些地区，历次战争遗留下的隐患并未消退，对越自卫反击战期间在该地区留下了大量未被排除的地雷，绿绿的，小小的，在植被茂密的山地再小心也难以完全辨识出来。当地的农民为了生计上山下地，哪怕万般小心，仍会横遭不测。最糟糕的是，这些地雷还可以顺着山势滚动。有时候从山上滚到农田里，有时候在风雨冲刷之后改变了位置……令人防不胜防。

　　文山州大量支前参战民兵、普通边民在生产、生活中触雷，导致腿被炸残。有一个村里，78个人竟然只有87条腿，触目惊心的事实令我说不出话来。整个文山州基本上都处于贫困状态，一来地处边远并曾经长期处于战事，二来大量的残疾人士缺乏工作能力。不少人，正值青壮年，本是一生中最有生机活力的时候，却被困在了屋子里、院子里，被架在了板凳上或拐杖上，举步维艰，家家户户之间弥漫着一股难以言喻的萧索与沉重。"因战致残，因残致贫"，老山地区人民为国家和人民的安全与安定付出了很多。

"行走的渴望"这个项目的初衷就是想让这些因战致残的人，装上义肢后能够站立行走，并且通过劳动摆脱贫困。这个项目起初是虹口区慈善基金会对口扶贫文山州麻栗坡县时的公益项目，每年100万元的捐助，几年下来，资金上有些力不从心了。经过共同协商，我们上交所公益基金会决定2016年当年捐助50万元，第二年扩充扶持力度至100万元，至2018年底上交所公益基金会累计出资318万元支持该项目。这中间，我们也获得了一部分上海市政府的支持款项，进一步增强了资金实力。最终形成了每年上交所公益基金会100万元、虹口慈善基金会50万元、市政府民政部门资助30万元，共计180万元购买上海假肢厂的服务。上海假肢厂每年派多名技师到文山州麻栗坡县帮助残疾人安装或更换义肢，让他们实现行走的渴望，助力他们早日脱贫。

后来，在基金会的努力下，越来越多的当地残疾人用上了上海生产的高质量义肢，解决了迫在眉睫的生活工作问题。但是，用上义肢还不够，由于受助者大多在使用义肢后还需要进行劳作，因此，器材损耗远快于正常使用，一般1～2年就需要更换。长此以往，更换义肢可以说是一笔巨大的成本。我们明白，最残忍的事，莫过于刚刚给予了他人生活的希望，却又在之后再次将其剥夺。因此，公益捐助必须坚持到底。

令人欣慰的是，时至今日，我们仍然坚持着为当地残疾人士安装与更换义肢。也许，每当他们踏实安稳地走在路上，都会想到在远方还有人支持着自己，就会有更多笑对生活的勇气和能力。这对我们来说，就足够了。

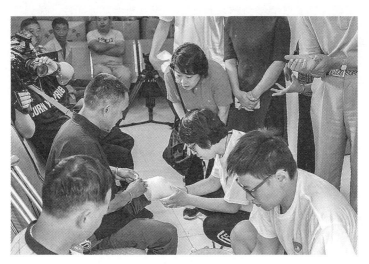

2017年8月19日，张宁与"行走的渴望"项目的志愿者在
云南麻栗坡县义肢安装现场

西南边陲的故事未完待续，雪域高原又传来了殷切的呼唤，"格桑花之爱"——治疗高原地区小儿先天性髋关节脱位项目。在与市协作办的交流中，我们了解到，在西藏日喀则有一项医疗工作很可能也需要我们的帮助。起因源于一位上海儿童

医院的援藏干部杨晓东，援藏时任日喀则人民医院副院长。他是一位小儿心脏科医生，到了高原，他原本打算调查西藏高原地区小儿先天性心脏病情况。不料在调查中却意外发现了另一个奇怪的现象——许多当地人包括孩子都是"瘸子"。经过调查分析，发现是先天性髋关节脱位。单侧脱位的，走路一瘸一拐；两侧脱位的，走路则不得不采取更难受的鸭步姿势，严重影响病患的正常生活，更不要说劳作了。而且，随着年龄增长，长年累月髋关节磨损会越来越严重，便再无修复可能性，最终连坐都不行，近乎瘫痪。

听完介绍，我不禁为这些残疾藏民感到难过，但我并没有立即表态是否介入，因为我隐约感到，虽然都是行动不便，但是这些西藏困难群众的情况恐怕不同于"行走的渴望"。比如，仅仅单纯地通过器械辅助能否康复？是否需要持续的手术才能根治病症？西藏当地是否有条件进行这些手术？如果有，那么为何没能解决这个问题？如果没有，那么去其他地区进行手术的成本基金会能否承受得起？

一瞬间，不少问题划过我的脑海。在与同事讨论之后，我们还是决定去儿童医院直接拜访那位援藏医生杨晓东当面了解情况。

来到上海市儿童医院，见到杨医生，我问："我不懂医，但是先天性髋关节脱位，听起来是不是遗传所致？难以避免？"

"这种情况其实并不少见，少数大城市里的孩子出生时也会出现这样的情况，专业医生对婴儿检查时，发现问题往往会及时进行矫正，嘱咐父母用推、扶、扳等一系列矫正动作帮助关节复位，所以城里的孩子一般都没事，"他沉痛地摇了摇头，"这病一开始其实不难解决，及时治疗就基本没有大碍。但是西藏那边不一样。一方面，由于缺医少药，孩子出生后就没有医院定期检查，发现不了问题；另一方面，当地气候寒冷，生活条件较差，许多新生儿并不像上海孩子那样穿棉裤，而是采取棉被包裹扎紧的方式免受风寒，孩子的腿被'捆'在一起动弹不得，进一步固定了本就脱位的关节位置；再加上当地人有种观念，觉得好像孩子的双腿是活佛给的，生下来怎样就是怎样，不能妄动，没有人想到这是一种疾病，需要治疗。我们在日喀则做过一个调查，儿童先天性髋关节脱位的发病率比先天性心脏病发病率要高很多"。顿了顿，他接着说，"其实这种先髋的治疗是越早越好，1～2岁前，只要人工辅助或理疗康复就行了，而两岁以后就必须手术，将髋关节复位后石膏固定，待拆除石膏后康复锻炼几个月，就可以像正常孩子一样行走、奔跑。但是，必须在13岁前动手术，发育后就无法手术了。而且，光单侧腿手术就得花费5万元左右的手术费用，这对当地藏民来说太难太难了。很多孩子因为腿疾而极度自卑，只能躲在角落里眼巴巴地看着其他孩子欢乐奔跑。"

听闻这些，我和在场的同事们一时间都陷入了沉默，为这些孩子们感到深深的痛心。谁能想到，本可以避免的瑕疵，竟演化成困扰一生的痛苦？

谈起往事，似乎又勾起了杨医生的回忆。他接着告诉我们：

"上海儿童医院曾派遣骨科主任带队去那里诊治。我见过一位28岁的青年，拄着双拐专程找过来，恳求医生为他医治。他说了自己的故事，也是自幼落下髋关节脱位的病根，二十多年来没有治疗。结婚以后身体感到越来越重，双腿几乎无力支撑，只能靠着双拐走路，生活料理都需要他人帮助。最后，难以忍受的妻子带着两个孩子离他而去。"

说到这儿，杨医生顿了顿，叹了口气："那个人像是抓住了一根救命稻草，苦苦哀求我们救他，可我们怎么救？他已经过了13岁的最佳治疗期。拄拐走了那么多年，脱位的关节已经磨损到难以补救的地步，可以说是基本完了。"

我心里一紧，忍不住插话："那他以后怎么办？没法治了吗？"

"倒也不能这么说，还有一个办法，就是等关节磨损完了再置换人工髋关节，但是局限性太大。一是费用极其昂贵，至少需要30万元；二是理论上人工髋关节使用10～15年后必须更换一次。你想想，这些钱他们出得起吗？"杨医生朝我苦笑了一下："我们告诉他情况以后，他什么话都没说，转过身去拄着双拐默默地走了。到现在我还记得他的样子，这种事大家心里都不好受，可是有什么办法呢。"

杨医生的话仿佛在我的心头扎了一刀。我原本感觉做一人的康复手术就需要花费5万元，又不知有多少患儿，可谓开支不小，基金会是否有那么充裕的资金长期支持这一项目，还需要细细核算。但是现在看来，儿童手术治疗相较于成年置换人工髋关节已经算是性价比最高的办法了，还能一劳永逸地彻底解决疾患藏族孩子的终身大事，阻断"因残致贫"，这的确是值得支持的项目。

我们回来马上向桂敏杰理事长汇报，得到了理解和支持，并通过基金会理事会讨论，一致决定，支持捐助开展为高原贫困儿童治疗先天性髋关节脱位的项目，取名为"格桑花之爱"；2016年至2018年捐资600万元，委托上海儿童医院为西藏高原髋关节脱位儿童提供来沪手术治疗。如此巨额的投入对我们来讲也是第一次，为了吸引更多的人对这些弱势群体的关注，提升公益项目的影响力，我们举办了一个项目启动仪式。

当然，我没有忘记市政协通报会上的时光辉副市长。我致电向他汇报了上交所公益基金会新设"格桑花之爱"项目的情况，对他说："那次会议上说的事情，我们已经在做了。现在打算正式开展这个援藏项目，19日有个启动仪式，想邀请您参加。"时副市长一听十分高兴："好啊！张宁，会开好以后这么快就有回音啦。但是那天我有其他安排，我会安排代表来参加。"

2016年10月19日，"格桑花之爱"项目的正式启动仪式在上交所交易大厅举行。时任上交所党委书记、理事长吴清，公益基金会理事长桂敏杰、上交所总经理黄红元、上海市政府副秘书长及上海市民政局、市卫计委、市合作交流办等部门领导参加，项目合作方上海市儿童医院、日喀则人民医院及病患儿童、家长代表齐聚启动仪式，现身说法。在仪式上我们播放了髋关节脱位儿童生活、治疗的一些视频，让大家了解、关注这些弱势群体并以此激发交易所员工的志愿服务热情。出席启动仪式的人看到髋关节脱位患儿生活困难及术后恢复欢乐奔跑的治疗效果，很多人都感动得落泪。

项目一经启动，随着时间的推移，希求帮助治疗的藏族儿童络绎不绝，人数远超之前调查统计的数据。我大为惊讶，同事们告诉我："之前许多藏民并不认为这是病，大量的病患并未计入调查数据。现在我们这项目在西藏日喀则做出了名气和口碑，老百姓口口相传，都希望能到上海来治病。"

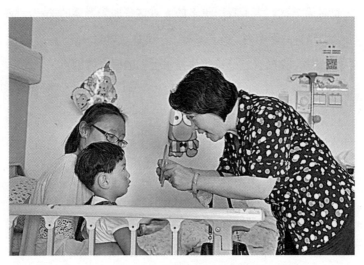

2016年9月29日，张宁看望来沪手术的西藏日喀则
"先天性髋关节脱位"患儿

截至2018年，基金会已经为此累计投入了631万元，成功救治了205名藏族贫困患儿，让他们重新在阳光下奔跑。鉴于良好的效果，基金会又与上海儿童医院签署了"格桑花之爱"第二阶段合作协议，将增加捐赠950万元，远超当初的预算。要

说这样的投入对我们而言没有压力，恐怕谁都不会相信。但是，公益慈善的意义不在于一时高调，而在于实实在在的效果和长期默默地坚持。

幸运的是，经过公益基金会多方筹措宣传，许多社会上的好心人、单位也伸出了援手，源源不断地为"格桑花之爱"输送着扶持资金。上交所员工都主动为去车站接送患儿、去医院看望患儿争当志愿者。我们付出了，回报自然接踵而至。首先，迄今为止，儿童医院已经有300余例手术取得成功，直接解除了大量儿童患者的生活病痛；其次，这些小朋友回家后，成为科学治疗髋关节脱位的宣传者，很大程度上改变了当地部分迷信的看法；我们还与上海广电集团、东方明珠股份公司合作拍摄了相关科教片。为更多群众主动检查预防和接受治疗打下了基

2017年5月9日，张宁在上海火车站送别"格桑花之爱"
项目术后藏族儿童

础，一定程度上解决了未来"因残致贫"的问题；最后，这一项目还成功引起了上海社会各界的关注与支持，为日后进一步扩大医疗援藏提供了有利条件，真可谓是一举多得。

我们的善心善举，除了印在西南边陲——青藏高原，也播撒在祖国的四面八方，新疆、青海、海南、广西、内蒙古、黑龙江等18个省份都印下了我们爱的足迹。

在我第一次去云南文山州考察"行走的渴望"项目时，路过昆明，见了老同事云南证监局林局长，闲聊中我问道："你们局有扶贫任务吗？"林局长说，省里给了扶贫任务，我们还派了个扶贫干部下去。我又问："那扶贫中有没有资金困难，看看我们基金会能帮到什么？"林局长马上表示："太需要了，我们排摸情况后再找你。"不久后，云南证监局提出能否帮助改造扶贫点一所中学的操场。不久后，在昭通金沙江畔的一所中学里，我和同事走进孩子们坑坑洼洼的山区破旧操场。陪同的校长对我们说："现在中考有体育考试要求，我们学校几乎每次都是县里倒数第一，操场条件实在有限，都无法练习跑步和投篮。你们看，跑道跑步要摔倒，篮筐情况更糟，没法好好投篮。"于是，我们为他们改造建设了新的操场、新的跑道、新的篮架。两年后，林局长告诉我，这个中学的体育中考成绩上到了县里的前列了。这件事启发了我，可能很多证监局都有扶贫任务，还会派扶贫干部，我们能否依靠各证监局及其扶贫干部，寻找捐助项目，并管理监督项目实施，同时又能帮助各局完成扶贫任务，岂不又是一举两得的好事。经过研究，我们又诞生了"所局联动，携手扶贫"项目，将公益项目的覆盖面充分扩展。在西藏、云南、青海、内蒙古、宁夏、海南、广西、陕西、四川、湖南、湖北等多地，我们开展了"所局联动，携手扶贫"项目，项目主要集中在教育扶贫上。一套套崭新的文具、教具到了孩子们和老师的手中，一间间图书室、电脑室、音乐室、语言听音室及一个个操场被新建起来，这一切都承载了贫困地区老师与孩子们共同的希望和期盼。2016年至2019年，我们投入了300万元，启动了"希望之光"优秀乡村教师培训项目，委托华东师范大学，在上海培训了来自西藏、甘肃、内蒙古、贵州等22个省区贫困小学的268名乡村教师，以提升乡村教师的教育管理水平和教学能力，为教育扶贫提供长远的支持。2016年开始，通过"蓝色梦想"贫困学生资助项目，3年中累计出资413.48万元资助1 414名贫困学生，让每一位品学兼优的贫困学子圆梦。

2018年8月10日至2018年8月17日，"希望之光"教师培训项目开班

走进甘肃农村，我们见到甘肃证监局对口扶贫村的柿农们满脸焦虑，愁眉紧锁。因为当地山路难行，新鲜的柿子待到运出大山进入市场，早已烂了。唯一的办法就是制成果干，但是苦于没有大棚晾晒，怎么做果干？农民们生活压力不小。经过实地考察，基金会为村里援建了35个大棚，每年可晾晒50吨新鲜柿子。建成一年之后，喜悦的捷报从甘肃传来，有了大棚的柿农们收入高达此前数倍。可以想见，辛苦终年的老农们，终于可以咧开嘴欢笑着享受他们应有的收获，丰收果成了致富果。

　　2016年秋天，我随市政协副主席姜樑去上海援疆的喀什地区考察，听说叶城县遭遇泥石流，一个村被冲毁，由于幼儿园不属于国家义务教育范畴，在重建中缺少资金。经基金会研究同意，在当地政府找到合适的空置房屋后，由基金会出资50万元购买一切设施用具，设立了两所新的幼儿园，让受灾的维吾尔族孩子都能入园。

　　在新疆考察时，我还遇到了送上海援疆教师的上海市教委袁雯副主任。在和她的交流中，我意外得知南疆地区尤其是喀什地区的老师都不会讲汉语。我一惊，这倒是个大问题。不会讲汉语的老师如何教授孩子们说汉语？不会说汉语的孩子又如何认同中华文化，与其他民族交流共通？又如何上大学、脱离贫困？在新疆乡村全面开展国家通用语言文字教育是"稳边兴疆"的一项重要战略举措。那么，解决这个问题我们能助一臂之力吗？在我的主持下，基金会与市教委多次讨论协商，最后我们确定捐资100万元与上海沪江教育科技公司合作，在上海援助的叶城、莎车、泽普、巴楚四个县开展"小胡杨"网络教育公益项目。为414所小学提供汉语网络课程，惠及1万多名一年级学生和3 161位维吾尔族老师。十年树木，百年树人，教育始终是国家的头等大事，少数民族同胞的教育及民族团结，自然也应成为重中之重。我和我的同仁们都很荣幸能在其中贡献自己的一份绵薄之力。

记得一次我代表基金会向证监会扶贫办汇报上交所"公益扶贫"工作情况后，会扶贫办领导问："你们上交所为什么要设立公益基金会？"我回答说："我们上交所党委曾专题研究设立基金会的工作，所党委达成的共识就是，为了充分发挥资本市场服务社会的作用，履行上交所的社会责任，践行社会主义核心价值观，也是上交所文化建设的一部分。"我话音刚落，他马上说："你刚才说的都是虚的。"我一愣，他接着说："但是，你们用实际行动全都落实了。"

一步一个脚印，总能迎来属于自己的春天。2017年6月29日，在上海市委、市政府召开的"上海市对口支援与合作交流工作会议"上，上交所公益基金会荣获2014—2016年度上海市对口支援与合作交流工作先进集体。这也是50家获得表彰的先进集体中唯一一家社会组织——基金会。市委书记出席会议，我从应勇市长手中接受了颁发给上交所公益基金会的奖牌。

回首过去，我用了几十年，走完了金融监管者的道路，又开始了一段公益事业的新征程。这两条完全不同的路，却总能给我一些相似的成就感和幸福感。我想，这大概是因为任何人生路，都需要用心走，踏实走，才能走得远、走得稳、走得不留遗憾，人生的价值也在于此。真诚地感谢上交所及上交所公益基金会给了我实现人生新目标、新价值的平台。

2017年，张宁在"温暖金融城"奖项领奖仪式现场

人生经历

学海无涯，孜孜以求

1972年我中学毕业，学校通知我说可以选择去工厂或者去读书。我当时很清楚自己的选择，一听说有书可读，就表示要去读书。在当时的时代背景下，大家都以去工厂工作为荣，几乎没有人要去念书。惊讶的班主任老师再三问我是否真的考虑清楚了？提醒我到时候不要后悔！我说，我一定不会后悔。就这样，我去了上海市财贸学校学习银行专业。

在财贸学校的入学面试中，面试我的是后来教我们银行会计的戴老师。他问了我一个特别朴素的问题："你为什么要来我们学校读书？"我的回答也很朴实："我想学习、想念书。"他有些惊奇："我听到现在没有一个人说是自己要来的，你是第一个！"现在想想，我当时的确对知识有着超乎寻常的渴望，因为那个年代我们能够学的知识实在是太少了。

不过，那时候银行这个词对我而言基本只是一种模糊的概念，好像只是个存钱的地方。相识的人里也没有一个在银行工作，一切都得"从零开始"。就这样，我读了两年的银行专业，学了会计学原理、银行会计、商业会计、工业会计、信贷等课程。毕业后就进了人民银行工作。

高考恢复后，守着稳定的银行工作，我一直想着要去考大学。特别是到了20世纪80年代，我心底的危机感越来越强烈，常常问自己："这点学历怎么行？如何面对以后的社会发展和竞争？"我和人民银行普陀区办事处党委书记、市分行党委书记都说了我的想法，他们都表示支持，但让我先培养好岗位接班人。因为那时我是人民银行普陀区办事处团委书记兼任市分行团委副书记。于是，我在新人中挑选了三个年轻人培养，后来都发展得不错。

1982年，人民银行委托复旦大学开了一个定向的金融管理专修科，两年制，全脱产读书，但是必须参加全市统考选拔进入，人民银行专门组织了考前培训班。我当时的数学基础很低，历史、地理都没学过，就语文还稍微有一些基础。但是对于我们学金融专业的考生要求数学必考，而且与理科同卷。所有这些我都不得不从头学起。夜以继日地恶补了两个月左右的时间，就提笔上阵参加考试了。那时银行的考生水平参差不齐，其中多数是六六届、六七届初中生和六八届高中生，还有"文化大革命"前的中专生，基础相对好些。后来考试结果公布，我们几个那年一起参加考试的财贸学校同学，只有我一个人上榜了，原因是数学考试达到了最低分数线要求。我由此踏入了梦寐以求的大学校门，进入复旦大学经济系金融管理专修科学习。

在复旦读了两年书，毕业后又留校做了一年的班主任老师。这三年，使我对金融有了理论化的储备和思考，开始了研究和积累，也为我后来进入证券市场奠定了基础。

在大学校园里，我最大的幸运就是遇到了几位非常优秀的名师。一位是哈佛学成归来、担任复旦大学经济学院首任院长的西方货币银行学专家陈观烈教授。他的授课不仅教了我们知识，还使我们掌握了学习的方法。当时是几个班二三百人一起上大课，陈老师上课除了讲他自编的油印教材，课下还给出了几本需要自学的书目，让我们自己去看。考试的时候，他从不圈画重点，而是出几道大题，让我们把课堂上和课外学习的内容糅合在一起回答问题。从你的答题中他能清楚地看出你学习融合的深度、广度，只会死记硬背课本内容的同学往往分数很低。陈老师显然希望能够引导我们博览群书，独立研究思考，形成自己的观点。这种训练方法培养了我们自主学习、独立研究分析问题的能力。

还有，我们有幸跟随张薰华教授、洪远鹏教授系统学习了《资本论》三卷，很多理论对现实非常有指导意义。譬如在后来的工作中，遇到文化部门认为文化企业不能上市，怕被别人控制。我就劝他们说，外资或民企控股，所有权与经营权是不分离的，可能会控制企业经营及方向。而股份制企业所有权与经营权是分离的。一百多年前的《资本论》中就已经阐述了所有权与经营权分离是股份制最大的特点，尽管部分所有权属于投资人，但是投资人并不参与经营，企业怎么经营，由管理层决定。上级主管部门管得住经营层就行了，投资人不会过多干涉企业经营。总之，通过三年的学习，我开始对金融有了探究的思维，并培养了理论联系实际的思考习惯。

大学毕业后，在复旦大学经济学院工作的一年中，除了工作之外，我还旁听了陈观烈教授的研究生课程。课程结束后，陈老师要求每个人都写一篇论文，由于我在写大学毕业论文时就已经开始了对证券的探索，而且课上也涉及一些证券方面的知识，包括证券公司、交易所、直接融资等。我抓住这些有限的信息，课下查阅了大量相关书籍资料，在原先大学毕业论文的基础上，1984年底与人合作写了一篇题为《我国现阶段建立证券交易所问题初探》的论文。写这篇论文时，我根本没想到，五年后自己真的会去参加筹建上海证券交易所。陈老师治学非常严谨，论文交上去两周后，他找到我说："张宁，你这篇文章我没办法给你看，我是研究货币银行学的，你最好找对证券方面有研究的老师帮你看。"

听完他的话，我不由得肃然起敬。我的证券基础知识是从陈老师的课程中受到启蒙的，而他却如此谦虚！现在看来，当初那些知识虽然粗浅，但是给自己未来的证券研究和从业打下了基础。后来我与尹伯成教授、奚卫建合作，打磨完成了《我国现阶段建立证券交易所问题初探》一文，刊登在《复旦学报(社会科学版)》1985年第2期上，内容包括建立证券交易所的必要性、可行性，交易所如何建立、政府如何管理、主要需制定哪些规则、交易所的管理架构应该如何搭建等。当时在这个细分领域可能是全国第一篇论文。凭着这篇论文，我参加了首届"上海中青年经济体制改革研讨会"。这个论坛唯一的入场券就是论文。

在留校工作的一年里，和我同寝室的室友俞淑蓉是经济系八三届的毕业生，毕业后留在复旦大学法律系任教。我们在宿舍经常闲聊，一次偶然谈到现在中国金融领域有很多法律空白，银行、保险领域没有相关法律，法规也不健全。此外，在改革开放中已经萌芽的证券领域，更是一片法律的"不毛之地"。何不写篇论文呼吁一下呢？于是我们合作写了一篇论文《金融体制改革下的金融立法问题》。我们当时凭此论文参加了1985年的全国青年法制研讨会，并以《金融法制建设刻不容缓》为题，发表在当年的《广东金融》杂志上。

大学充实广博的学习和工作生活，一方面为我提供了多样化的知识积累，另一方面，也培养了我对金融市场，特别是对证券市场和金融法制的兴趣，这对我日后的职业选择和规划产生了深刻的影响。

我的成长过程和切身感受告诉我，学习和工作永远不能分割，学校和书本的学习永远无法替代工作和实践中的学习。在步入职场之后，仍然需要保持一颗乐于学习的心、一股善于学习的劲，不能丧失接受和探索新生事物的兴趣，否则便会止步不前，最终被时代淘汰。

1987年6月，我在任人民银行上海市分行金融行政管理处副科级干部时，被人民银行派往香港参加为期八周的金融市场培训。培训学员共有20人，带队的是人民银行外事局的副局长，其中一位学员马德伦后来担任了中国人民银行副行长。

在香港培训期间，我们每天都在金钟附近上课。授课的内容十分新鲜。不少授课老师本身就是投资管理人或交易员，因此能够阐述具体、新颖的金融业务知识，包括股票、债券、期权、期货、外汇交易等。每次老师讲完课，我经常举手提问，而且问得很具体、细致。比如"股票过户具体怎么操作的？""集中竞价如何办理？"等等。提问得多了，个别同学还私下里问我："你问那么细干吗？这只是次培训嘛！"

然而，我却觉得这是一次不可多得的机会。时值上海股票发行、交易的摸索探究阶段，各类新情况、新问题以及"疑难杂症"正在不断涌现。这个学习国际知识和实际操作经验的时

1987年7月，中国人民银行在香港举办的为期八周的国际金融市场培训班成员合影（马德伦：二排右二；张宁：二排左三）

机就放在眼前，我当然不能浪费，得"打破砂锅问到底"。这次香港培训对我来说，确实获益匪浅。

1993年至1995年，我又兼职读了复旦大学经济学院的研究生班。接下来作为上海市证券管理办公室副主任的我，工作更加繁忙，只能靠参加短期培训来不断自我充电了。1997年和2002年，我有幸两次带领上海的证券业同仁分别去加拿大和美国参加为期三周的关于证券市场实务的培训，都有很大的收获和提高。尤其是，我还有机会专门去美国纽约银行、纽约交易所、纳斯达克、全美交易商协会、美国交易所、美国证券交易委员会、摩根士丹利等机构，学习考察了美国存托凭证（American Dopository Receipt，ADR）的实务操作，为日后我国国内企业开展B股ADR业务，打入欧美金融市场提供了宝贵的经验和支持。

由于长期忙于工作，学习时间逐渐"碎片化"，特别是当了领导干部，自己慢慢感觉到了一个知识瓶颈期。2002年，上海国家会计学院和美国亚利桑那州立大学凯瑞商学院合作开设了金融EMBA课程班。在收到上海金融工委的报班通知后，我觉得"及时雨"来了，毫不犹豫马上报名，准备再次集中"充电"。入学面试以后，本应2002年开学，延迟到了"非典"疫情结束以后才正式开班。

EMBA班的授课老师全部是美国教授，也包括一些在美优秀华人教授。课程涵盖了公司金融、公司战略、公司治理、金融学、金融行为学、会计学、财务与管理、博弈论等。这里面蕴藏着许许多多我闻所未闻的新知识、新观念和新方法。这些都深深吸引了我，因此"老毛病又犯了"，每堂课都屡屡发问，与老师一对一交流。到后来，有同学对我说："张宁，这些课程简直是为你量身打造的。"这次EMBA课程中所学所练，不仅契合了资本市场发展的新形势，也对我开展证券监督工作助益匪浅。

其中，几位教授共同提及的未来现金流分析法，我在上海电气收购美国高斯案例的价格分析中就派上了用场。

公司治理理论课程也是一处知识宝藏。最后授课的美国教授让我们每人写篇文章，要求结合自身所在公司情况，依据学到的内容对本公司治理提升提出建议。可我并未在公司工作过，于是我去找老师提出我没在公司工作过，能否让我变更一下作业题？我工作中要监管上市公司，能否结合实际谈谈如何提升上海上市公司的治理水平？老师思考一阵子后同意了。没想到最后我的论文得到了"EXCELLENT"的评价，还收到他想和我一起研究上海上市公司课题的邀请，着实令我自豪了一把。

在财务与管理课程中，教授谈到对公司后台及内部管理部门等不产生效益、无法用绩效指标考核的岗位职工，如何进行分类考核的问题。教授问道："你们知道在改变考核办法前是怎么考核后台一类人员的吗？"当时的课堂上一直有着鼓励学生自由交流的学术气氛，我就踊跃回答道："轮流坐庄！"老师很惊奇："你怎么知道？"我答说这和我们机关的考核方法一样。后来，我将课堂上所学知识应用于实际，开始对自己管理的证监局进行干部系统性的考核改革，推行360度绩效考核方式，将干部的考核由领导、平级同事、下属的全方位评价组成，并且与干部提拔任用相结合。这套办法行之有效，提升了证监局干部的工作积极性和工作效能。

我学习的努力最终还是有所体现的。在项目毕业典礼上，凯瑞商学院的副院长走来对我说："张宁！你真厉害！ 4.0啊！"我当时还不太清楚西方学校的平均成绩绩点评价系统到底是什么，有点疑惑，什么4.0？他只好用"接地气"的方式解释说："你是满分！"我这才明白过来，心里由衷地为自己感到高兴。不过说实话，我当时读书只为了学习新知识、新理论，不断提高和充实自己，没有上网去关注自己的学习成绩，这也算是意外的惊喜吧。

时光飞逝，四年之后的2009年4月，上海交通大学上海高级金融学院（简称高金）成立后不久，又给我带来了学习机会。高金是上海市政府为实现将上海建设成为国际金融中心的国家战略、满足上海乃至全国金融业发展并与国际接轨的迫切需要，依托上海交通大学而创建的一所按照国际一流商学院模式办学的新一代国际化金融商学院。

那是次贷危机发生之后不久，我内心有一种强烈的不安。面对风云变幻的国际金融局势，不继续学习、不重新探究，就可能与新时期经济金融发展形势脱节，导致金融监管工作的滞后、落后。

因此，当上海高级金融学院的执行院长来问我能否去交大EMBA学习时，我马上问道："你们的金融EMBA课程会不会涉及美国次贷危机？"他给了我肯定的答复。正是因为这一点，我毅然决定再去高金学习深造，于是成为高金EMBA首期班学员。那年，我55岁。

开学第一堂课令我印象深刻。开班仪式有点像素质拓展训练，听着现场铿锵的鼓声，我恍然间仿佛又回到了年轻时代，恢复了青春活力，精力充沛地再一次踏上了学习的旅途。

入学之前，我其实已在第一次读EMBA时上过高金院长、学术委员会主任王江教授的课。他的金融学课程非常全面，讲到整个金融市场所有的金融产品及其特点和作用。课堂上，王江老师还好奇地问我："你之前不是已经上过我的课吗，怎么又来了？"我笑着对他说："温故而知新嘛，而且您的课也在不断深化啊。"

既然来学，我就会认真对待每一门课程。即使是听过的课，再听一遍也会有新的感悟。高金的课程对我帮助很大，教授们的独到见解使我对全球金融体系发展、金融产品创新以及金融风险控制等都有了更进一步的认识，帮助我在实际工作中认知更多问题和风险。

可以说，高金的EMBA课程是我精神上的驿站，也是知识上的充电站。在此学习期间，我最大的收获有两处：一是全面了解了次贷危机的因果；二是掌握了一些组织行为学的知识。

在关于次贷危机的教学中，许多教授、不同的课程从不同的角度出发进行分析，比看学术文章更为全面直观，因为文章难以把所有教授的观点、不同的角度都囊括、融合在一起。教授们不仅分析了次贷危机的起因、状况，还讲到很多关于风险防范和控制的知识，让我对次贷危机又有了全新的认识。有的教授认为，做创新业务的人要做风险控制，做风险控制的人也应该做创新业务，这样大家在创新的时候就会有较强的风险意识，我认为这个说法非常有道理。

我的另一大收获是学习了组织行为学课程的相关知识。作为一名领导干部，我对这门课程颇有"相见恨晚"的感觉。因为原先做领导只能靠自己在工作中去摸索，一点一点地体悟，并不断总结经验。有些管理方面的体会比较零碎，不成体系，有时候自己的思考也不够深刻。上了这门课之后，我自觉培养自身过硬的"软实力"，以身作则，对自己高标准严要求。通过带头攻关、身体力行的人格魅力，而非仅靠责备下属来提升团队的积极性和凝聚力。组织行为学课程让我在理论上提升了一个层次，实践的水平也提高了不少。

自证监会开始考核各地证监局领导到我离任的六年时间内，我的考核结果年年都是"优秀"。在唯一的一次证监会系统"优秀一把手"评选中，我也被评为五位"优秀一把手"之一。能取得这些成绩，我自己觉得也离不开诸位老师对我的教诲和指引。

不积跬步，无以至千里。许多学习经历带来的知识积淀和素质提升直接帮助我开展各方面的具体工作，可谓助益匪浅。吾生也有涯，而知也无涯。在有限的生命里保持对知识和进步的无限好奇，也是一种难能可贵的精神活力。

回眸职业起点

在数十年的职业生涯中，我先后在人民银行、证管办、证监局、上交所等单位工作。其中，人民银行上海市普陀支行的会计岗位和专职团干部堪称我职业生涯的起点，是我走向职场的第一步，磨炼了我基本的财务实操技能、工作能力和领导能力；人民银行上海市分行金融行政管理处是我迈入金融监管领域的第一步，深远地影响了我一生的职业生涯。

我的第一份工作，还得从1974年初说起。当时我从上海市财贸学校分配到了毕业前实习的银行——人民银行上海市普陀区办事处（现称支行），那时财政和银行是合并的，我在人民银行普陀区武宁路分理处做了四年柜面会计。期间我学习、操练一切能接触到的业务，有言道："纸上得来终觉浅，绝知此事要躬行"。即使我就读的是和工作对口的银行专业，初入岗位时还是需要不断磨炼。如何充分地把所学的知识转化为实际的业务能力，甚至提高珠算的速度和准确性，需要不断琢磨、苦练基本功。

在这段时间里，我先兼任了分理处团支部书记、区办团委副书记。1979年人民银行和财政局分离后，我担任了区办专职团委书记，之后又被选举兼任上海市分行的团委副书记。

客观上讲，当时的情况不同于现在。现今的年轻人多数都有自由、有条件选择自己想学什么、想做什么，然后去从事这方面的工作；而在我们那个年代，工作需要服从分配。但是，我一直觉得，兴趣不应当影响你对工作的态度和投入，很多时候都必须"做一行，爱一行，专一行"。

会计岗位的工作铸就了我做事毫厘不差的精准和细致，在后来的监管工作中我也始终这么要求自己和同事，不能出一丝一毫的差错，寻找蛛丝马迹的关联性，对数据之间勾稽关系的敏感性，保证不能让投资者有任何损失。

脱产团干部的经历锻炼了我独当一面的工作能力，包括良好的领导能力、协调能力、表达能力、沟通能力等。还记得，当初我一直帮扶的一位"后进青年"，后来成长为某支行行长。做团组织的工作，没有任何资源，需要凝聚各方力量，千方百计想办法找资源，这些都是对我个人能力的综合锻炼，这不是在具体业务工作或者做柜台小组长能够得到的。

有赖于这些早期的积累，我获得了一些能做事、做成事的必备素质。日后当我步入证监局的领导岗位，这一段早期经历堪称我人生的准备工作，诸多优秀领导、同事的带教和帮助，锻炼并造就了我，我至今心怀感恩。

当我在复旦大学深造毕业以后，因为在校期间表现突出，复旦大学向人民银行上海市分行借调我当了一年老师。大学毕业前夕，我接到人民银行上海市分行组织处电话，约我去谈话，组织处长询问我毕业后的想法，并给我提出两个选择：一是去银行学校（原上海金融学院前身，现为上海立信会计金融学院）学生科；二是去复旦大学第三届金融专修科当班主任，我选择了留在复旦当老师。后来是复旦大学经济学院党总支书记周振汉告诉我，才知道是经济学院主动向分行要求将我留校的。不过这段时间确实是学习、研究的好机会，使我收获和提高很多。

　　在这一年中，我边做着班主任工作，边学习边研究，旁听硕士研究生课程、与人合作写了两篇论文。当时复旦大学法律系主任董世忠看到《金融法制建设刻不容缓》这篇论文后，希望我能留法律系任教，因为他认为，当时法律系很少有人懂金融。经济学院周振汉书记也对我说，希望我能留在经济学院。但是，我考虑到当时的金融改革正是我学以致用、大展抱负的好时机，这比留在学校当教师更吸引我。

　　与此同时，金融体制改革正在紧锣密鼓地推进，农业银行、建设银行、工商银行等专业银行从人民银行的体系里一家家分离出来，人民银行成为中央银行。1985年初，人民银行和工商银行分设时，由于借调在复旦，所以我的组织关系被放在工商银行组织处。1985年7月，组织上要求我回工商银行工作，但我此时对金融体制改革及金融管理已经有一些研究和心得，觉得金融领域改革中有很多事情可以创新，却没有法律依据和法律保障，自己有心在这方面继续探索，所以就向时任工商银行上海市分行党委书记王爱身提出，希望到人民银行去工作，她听后表示支持。

到了人民银行上海市分行，分配工作时分行组织处处长方仲轩征求我的意见。我考虑到自己在复旦期间学习研究的方向更适合从事金融管理，况且这些都是新业务，年轻人经过努力未必会比老同志做得差，于是我提出想去新成立的金融行政管理处。当时组织处领导考虑到金管处绝大多数都是50岁以上的老同志，缺乏年轻人，又了解到我在复旦期间写的论文都是专业对口，就同意了。

在我的职业生涯里，这是绝无仅有的两次主动选择之一，

1986年初，中国人民银行上海市分行金融行政管理处于东亚银行顶楼合影（张宁：前排右一）

而另一次是主动要求去读书，回想起来十分庆幸自己选择正确。当时的金融行政管理处管理着银行、保险、信托、证券等行业，业务范围几乎相当于现在的银保监局和证监局。那时候根本想不到这些业务会发展成如今的格局。正是这个符合时代发展方向的选择，为我日后丰富精彩的职业生涯奠定了基础。

用心用力，恪尽职守

能有幸步入领导岗位，首先是由于组织的长期教育和培养，同时得益于自己刻苦钻研的求知欲望和精益求精的工作态度，更离不开一系列机缘。

记得大约是1991年起，上海市形成了由市体改办批准股份公司设立、人民银行市分行批准公司股票发行的格局，1992年国务院又下达了浦东开发政策每年1亿元人民币A股、1亿美元B股额度，为了统一领导和协调上海证券市场发展的各项工作，市政府决定设置上海市证券管理委员会（简称市证管会）作为协调管理机构。市证管会主任由分管金融的副市长担任，成员由市政府相关副秘书长、市计划委员会、市财政局、市经济体制改革办公室、人民银行上海市分行、市公安局等相关单位的领导组成。后来由于发现股票发行中还时有干部违规违纪现象，所以市证管会成员中又增加了市监察委员会。

1992年市证管会成立的第一年，在证管会下设了一个办公室，日常在市计划委员会办公，主要负责协调人民银行、体改办等各部门落实中央在上海浦东开发开放政策中涉及的1亿元人民币A股额度和1亿美元的B股额度以及公司改制等工作。那年时任上海市计划委员会主任徐匡迪同志也曾询问我是否愿意去市证管会办公室工作，由于当时该机构是主要以协调为主的"务虚"单位，而我一直在人民银行长期从事证券市场管理的实务工作，因此我并未答应。

深圳"8·10"事件后，国务院国发〔1992〕68号文《关于进一步加强证券市场宏观管理的通知》明确调整了各有关部门在证券市场管理中的相关职能。1993年中国人民银行银发〔1993〕90号文《关于贯彻落实国发〔1992〕68号文件精神的通知》中也明确，人民银行不再参与股票管理，所有股票发行上市、证券交易所和上市公司监管，均交由当地政府或其指定的部门管理；地方企业债、投资公司债由省级人民政府审批。

在这一背景下，1993年3月，上海市证券管理办公室正式成立，在市证管会领导下，具体行使国务院〔1992〕68号文赋予地方政府的职能，管理A、B股额度股票发行、交易及上海上市公司，管理上海证券交易所等。那时，我和严旭"人随业务走"被调入市证管办。尽管离开工作了近19年的人民银行，有诸多不舍，但是能继续从事自己钟爱的证券管理事业也算是人生一大幸事，怀着这种心情，我来到了新的工作单位——上海市证券管理办公室。

1993年正式成立市证管办时的第一任主任是杨祥海同志。

1995年"3·27"国债期货事件后不久,机构和相关人员调整,市证管会被撤销,杨祥海同志调上交所任总经理,当时市政府副秘书长兼任市证管办第二任主任,直至1997年末。

成立之初,市证管办仅有7个人,人员中有来自市计划委员会的杨祥海、周泽洪,人民银行上海市分行的我和严旭,市经济体制改革办公室的水行川,市政府法制办的俞振威和市财政局下属国资办的郭银龙。主任是杨祥海,我和郭银龙、俞振威为副主任。

市证管办刚成立时,暂时在市政府(即现在的浦东发展银行)后门,四川中路222号的一栋三层的小楼里办公,当时只有二楼寥寥几间办公室。想到以后机构人员、职能的逐步增多,

1993年9月,上海市证券管理办公室成立之初合影(张宁:左三)

我们深感此处并非久居之处。于是我担起了四处找寻更加合适的办公场地的任务。后来，我找到新亚集团，租下了新亚旗下位于江西中路180号的新城饭店顶层作为办公场所，市证管办在这里正式挂牌。我们在这里虽然办公时间不长，但是管理、审批和处理了诸多上海的A股、B股发行，股票认购证发行以及违法违规行为处罚。

我们在新城饭店办公到1994年。随着证管办人员扩充至20多人，我们又开始为机构的办公场所狭小犯愁起来。当时，我们在证券业务管理中与诸多企业熟悉，其中徐汇房地产公司听闻我们正在谋迁新址，便告诉我他们在永嘉路有一套房产可以考虑。这套房产位于永嘉路718弄2号，在一个独立小院里，由一栋别墅、一栋小楼组成，大约有几百平方米。经过实地考察，徐匡迪同志、杨祥海同志都比较满意，于是证管办买下并迁至此处开始办公。

1995年"3·27"国债期货事件后，上海市的期货管理职能也从市计划委员会划出并入市证管办。到了1997年，市证管办的干部人数又到了一个新的高度。作为领导者，又要考虑调整办公场所了。市证管办主任批了购楼资金，并给我们介绍了淮海路金钟广场两个楼面。但是考察以后发现大楼的通风条件不够理想，后来的领导班子又决定另觅房源。一天，当我路过建国西路时，见到一栋新建即将完工的四层小楼，外观看着不错。于是我找到新楼的建造商——上海公房经营公司协商购买，对方最初说是自用楼盘不对外销售，下面两层可以租用。后来我又想办法找到公房经营公司的上级单位——上海房产经营公司的总经理徐林宝沟通协调。我说："我们的购房资金可以一次性支付，你们是房地产公司，快速回款后，有了钱可以继续开发新的项目，两全其美，何乐而不为呢?"就这样，我们成功地以5 000万元的价格购买了这套位于建国西路319号由花园和仿洋楼组成的面积2 000平方米左右的房产。

1998年夏天，这套独立办公房装修完成。市长和副市长以及市政府秘书长一起来看新房，都颇为满意。这套房产的一楼大厅改成了大会议室，还有地下车库可供停车，十分方便办理公务。这栋楼一直陪伴我们市证管办、市证监局到2008年末，整整十个春秋。

从市证管办成立之初，我一直担任副主任的职务，能有机会在徐匡迪等同志领导下工作，自己倍感荣幸。他们的言行和作风对我的成长影响非常大，从他们那里我学到了很多，受益终生。

从工作接触中，徐匡迪同志给我印象深刻的是考虑问题细致周到，处理危机果断，市场意识非常强，同时他还能在繁忙的工作之余兼顾家庭，将工作与家庭关系处理好。我记得有一次，由于上交所的卫星通信信息系统出现故障，导致当天上午上交所通过卫星传输到全国各地的实时行情中断了一段时间，上海本地由于是通过DDN网络传输实时行情而未受影响，当天的交易仍正常进行。由于卫星实时行情传输中断时股价在下跌，有些异地投资者未抛出股票而认为受损失了，便向证监会反映，说是上交所"解放大上海，套牢全中国"。于是证监会首席律师高西庆带队来上海调查此事。徐匡迪副市长非常重视，亲自接待，在上交所详细汇报情况后，他对高西庆说："这种情况我们以前从来没有碰到过，也没有处置经验，以后如果再出现类似情况，上交所应该暂停交易。目前这个行情传输问题看来是个技术性问题，但是上交所自己说了不算，建议是否由证监会请第三方专家来进行调查分析，寻找原因，给全国股民一个交代。"后来证监会采纳了他的意见，请第三方专家到上海查找原因，得出的结论是技术性问题，并在全国范围内通过各种渠道公布，最终圆满解决此事。领导的这种对突发事件准确判断、全面考虑和果断处置的工作特点，给我留下了深刻印象，也为我后续处理证券市场突发事件提供了思路，为我注重提升危机处理意识和能力奠定了基础。

时任市证管办主任超强的记忆力和快速的反应力着实让我吃惊。当时鄂尔多斯B股上市，主任参加上市仪式要致辞，我准备了一份发言稿，在他参加完其他公务活动赶到会场时交给他，而他只看了一遍，就往口袋里一塞。发言时，他完全脱稿，把稿子上的内容全都说到了，这种过目不忘的超强反应能力让我震撼。他还特别注重深入一线调研，有非常出色的判断决策能力。有一件事让我印象深刻。那年证监会给了上海市两个公司的A股上市额度，但是分管A股业务的部门没有准备好合适的公司，我当时分管的是B股业务，他问我发行B股的公司里是否有准备好了的，我向他汇报了上海建工和上海贝岭两家公司准备的基本情况。他又问我，这两家公司的优点和不足是什么？我都——向他汇报。上海建工尽管不是处于朝阳产业，但是这个企业改革的意识和力度都非常强，内部体制和结构上作了重大改革，并已改制完成，相信它绝不会成为夕阳企业；上海贝岭的芯片属于中低档，从发展的角度看似乎没什么前景，但是目前产品销路很好，有市场，如果能够成功上市融资，不断投入新的芯片研发，企业的发展前景应该还是可以的。听了我的汇报后，主任要求我陪他亲自去两家公司调研。经过实地走访公司、调研并详细了解公司情况后，他果断地在证管办主任办公会上拍板决定，把当年的 A 股额度给了这两家公司。后来负责 B 股业务的市场部同志向我抱怨，好不容易培育了两家公司可以发行 B 股，结果煮熟的鸭子飞了，成了人家 A 股业务部门的功劳。在一次汇报工作时，我跟主任说了这些想法，他听后对我说："你和同志们讲，让大家放心，这成绩是他们做的，我不会算到别人头上去。"像这样经过实地调研后果断决策的案例还有好多。1997 年当主任调离市证管办时，他还没忘记为我们全面细致地规划好证管办未来运营管理和发展的方方面面，解决了证管办的行政级别、编制及每个干部的职级，留足了证管办未来几年运营的行政管理经费及办公楼置换的资金，还为妥善解决干部职工住房实际困难留出了资金等等。这种种妥善的安排处置，使我看到了领导干部善始善终的工作态度、心系群众的工作作风，让我感受到了组织的凝聚力，找到了归属感；同时，也为我树立了领导的榜样，让我懂得了应该如何做一名合格的、优秀的好领导。

领导们的优秀品质，点点滴滴，犹如春风细雨，沁入我的身心，教会了我在后来的工作和领导岗位上如何更好地履职，更好地服务，更好地带队伍，这也是我的人生机缘，我的幸运。

1997年10月，上海市证券管理办公室更名为上海市证券期货监督管理办公室，行政级别定为正局级单位。1997年11月中央召开全国金融工作会，进行金融体制改革，理顺和完善金融监管体系，中国证监会统一监管全国证券市场。全国各地的证券管理部门都划归证监会，上海和深圳两个证券交易所及期货交易所都收归证监会管理；同时，原由人民银行负责的证券机构管理、债券发行等与资本市场相关的职能也都统一划归证监会管理。1998年9月，时任证监会主席周正庆与上海市人民政府市长徐匡迪签署了移交备忘录，上海市证券期货管理办公室成为全国第一个证监会派出机构，实行垂直管理。于1999年7月1日与全国统一正式挂牌，名称为中国证监会上海证券管理办公室。

2002年中，证监会开始对我进行干部提任考察，当时周小川同志是证监会主席。中央金融工作委员会随后又对我进行了一轮独立考察，谁想到11月份刚考察完毕，中央金融工委就撤销了。接着，周小川同志调任人民银行行长，尚福林同志任证监会主席，过了半年之后，2003年5月，我被证监会任命为上海证管办党委书记、主任、上海稽查局局长。2004年，证管办又统一更名为证监会上海监管局（简称证监局）。

经过数年的发展，在我接手证管办"一把手"时，这个单位已经有100多人，形成了相当的规模，但相对于上海的市场发展和监管对象来说，仍显人员不足。记得我任"一把手"之后不久，去找证监会分管派出机构的副主席范福春，提出人员不足需要尽快招聘人员。他对我说："你再招多人，坐哪儿去呢？"这句话点醒了我，确实我们的办公场所已经"捉襟见肘"了。于是我就开始去寻找合适的办公房源。当时恰逢上海市将分散在外的市政府各委、办、局统一集中至大沽路100号办公。在我向上海市市长汇报了想置换解决证监局办公用房问题后，市长为我们安排了市规划土地管理局打算搬出的在徐汇区南丹路上的办公楼，面积有11 000平方米。当证监会尚福林主席来到上海与市长见面时，我当着市长的面向尚主席汇报说："尚主席，市长已经答应了将南丹路的11 000平方米办公楼置换给我们了。"他很高兴："那你还不快敬市长一杯？"我连忙端起酒杯。"唉，张宁！"市长看着我也笑了起来，"你应该先敬你的直接领导——尚主席一杯嘛！"我一时间有些不知所措，不过我很快反应过来，索性又拿了一杯，两位领导一起敬。这次会面就在热络和谐的气氛中结束了，我的心也安定下来，证监局的"新家"总算有了一个明确的着落。

谁料，不久之后时任浦东新区区委书记杜家毫又来找我，动员我将证监局迁至浦东："张宁啊，现在上海的'一行两局'都落在了浦东，只有你们证监局一家还在浦西，你应该来浦东，金融聚焦浦东啊。"我和他说市长对证监局新址的安排已经确定了。没想到，杜书记好像早有所料："我已经和市长汇报过了。""不会吧，市长和我们尚主席已经敲定了啊。"我心里还是有些怀疑。于是我又去征求市长的意见，最后经他同意，又改为去浦东选取新址。

虽然改了地方，但是办公场所的高标准、严要求可不能改。我找到杜书记提要求："你这么希望我们来浦东，那你可要给我们提供一个好的办公场地。"他也早有准备："放心，楼我已经挑好了，就是世纪公园边上的那栋新大楼。"我过去一看，楼是好楼，足足有3万多平方米，可到时候免不了要与其他单位混在一起办公，这对于一向强调独立性、保密性的证监局而言，难免会产生某些风险，因此，我还是想要一处面积适中、能够独立办公的场地。后来杜书记又提出可以在与新大楼形成直角的地方新建一楼，可是由于预期效果不尽如人意，最后也被证监会李小雪副主席否决了。

正当我们无计可施，打算回到南丹路办公时。时任浦东新区区长张学兵同志来帮忙了："张宁，我这里有一块地可能适合你们，要考察一下吗？"我过去一看，土地位置不错，就在浦东新区政府对面，迎春路555号，银、保监局隔壁，面积也比较大，能造两栋楼，我们办公的独立性和保密性都能得到保障。这时，恰逢尚福林主席来沪，我便就此事向他作了汇报，并陪他来到实地考察。尚主席一踏进这块区域的入口，朝四周观察了一会，便对我说："张宁，这个地方好啊，全拿下来吧！""不行啊，"我说，"这样大一块地拿下来，浦东方面说得要证监会二总部来才能给。""那你就说我们二总部要来!""主席,我这么一说没问题,可到时候如果安排不是这样,我岂不是失信于人了?"尚主席笑着说:"如果他们不提供土地,我们也没法考虑二总部问题啊。"我说这样好。经过与张学兵再次沟通后,浦东新区方面同意将这块土地给我们了。

随后,我们在浦东通过定向招拍挂获得了该地块,开始自建办公场所。在招投标过程中,我决定寻找可靠的专业背景为国企的机构做代甲方。这一方面是因为我们在房地产方面确实不在行,选择一家专业机构能够有效地规避质量和效率风险;另一方面也是为了避免出现"大楼起来,干部倒下"的贪腐风险。经过与浦东新区人民政府的沟通,在他们的推荐下,我们最终选择了浦东土地控股集团(简称浦东土控)来做代甲方。

当时中央财政拨款1.28亿元给上海证监局购买办公用房,并要求将原建国西路办公楼出售后的资金上缴中央财政。在我们的严格控制下,浦东迎春路555号办公楼的最终建造、装修花费共1.23亿元,其余500万元预留用作购买的税费。后来,我们通过向浦东新区申请并向税务局出具承诺,永远不转卖房产、专用于中央证监机构自用后,税务部门同意免除税费。几年后,证监局建国西路的老办公楼估价,在合适的时机出售,获得2.3亿元。这一进一出之间,不仅将证管办的办公面积从2 000平方米扩展至15 000平方米,切切实实地改善了单位的办公环境,同时也使国家财政获得了一笔不菲的收入。正是我们对办公楼建造工程的高标准、严要求,这幢办公楼从2009年1月启用至

今，未曾发生过任何质量安全问题，实实在在地获得了证监局
干部职工们的好评，受到证监会领导的赞许，其他证监局也羡
慕不已，着实令人欣慰。

建造新办公楼的时候，我在把握造价、完工时间要求的同
时，也时刻注意以法律维护单位权益。在与代甲方浦东土控签
约时，我察觉到其提供的格式条款合同对证监局有不公平之处，
我对此予以修改后再交给对方，然后才推进双方签约。

当建房快结束时，浦东土控来与我们交涉，说拖了时间，
造成成本费用预算不足，需要再追加建造款项。我让局办公室
主任告诉对方，第一，证监局作为购房者，其义务在于依合同
规定按时向浦东土控缴纳足额建房款。浦东土控作为代甲方，
义务显然在于按期按质交付房产，合同之中已对这些义务权责
规定清楚，因此未能如期交房属于浦东土控违约，应当承担违
约责任，而不是由我方追加投资。如果浦东土控不服，可以通
过合同约定的仲裁方式解决。第二，当初双方议定的购买价格
中已经计算并包含了浦东土控作为代甲方所应获得的利润空
间，现在出尔反尔，要求涨价，违反基本的诚实信用原则。第
三，这块土地是证监局拍卖所得，土地用途是明确用于中央在
沪金融监管机构用地，也因此享受了一定程度的价格优惠，而
土地价格优惠不是给代甲方的。更何况证监局属于国家预算单
位，购房预算费用不可能有求必应，轻易改变，请浦东土控好
好想一想自己可能承担的法律责任。经过我们的据理力争，浦
东土控最终还是如约履行了合同义务，证监局也以最初约定的

每平方米近9 000元的价格获得了新的可以直接拎包入驻的办公场所。

就在证监局大楼建成的同时，当初证监局一并拍下的地块中，还有一幢2万平方米的办公大楼，也由浦东土控建设完成。浦东土控开价3.6万元每平方米，并且声称，这个价格在市场上仍然是极具吸引力的。此时，尚福林主席要求我再去谈判，证监会希望以较为实惠的价格获得这栋办公楼用于证监会下属机构办公。于是我再次出面，向浦东土控声明依据当初招拍挂的土地用途以及合同约定，浦东土控有义务以合理价格将该办公楼售予证监会及其下属机构。经过我一番颇为艰难的"讨价还价"，浦东土控同意降价至1.2万元每平方米的价格向证监会出售此楼。单位的公共利益、合法利益再次得到维护。

上海证监局大楼

当好"一把手"的感悟和体会

为了树立典型、激励先进，2010年底，证监会党委在派出机构（即证监局）、交易所和证券登记结算公司等45家单位中组织了评选活动。经严格评审，证监会党委决定，授予5位同志"优秀一把手"称号，5位同志"优秀班子成员"称号。我有幸成为5位"优秀一把手"之一。这是证监会党委对我们五年来"坚决贯彻会党委的决策部署，团结带领广大干部职工，积极落实各项改革措施，沉着应对复杂多变的市场环境和形势，切实发挥模范带头作用，取得骄人的业绩"的肯定和激励。

自2003年担任上海证监局党委书记、局长以来，我和上海证监局的全体干部职工按照证监会党委部署，积极参与资本市场改革、建设，见证了资本市场的巨大变化，有效落实了辖区监管责任制。从证监会对各单位"一把手"进行年度考评开始，直至我被调离局长岗位的六年中，我年年被评为"优秀"。在九年多履行"一把手"职责的过程中，对于如何当好一个单位的

"一把手"，我有着一些思考和感悟，我深感作为"一把手"必须把握"四个定位"，做好"五个坚持"。

要把握"四个定位"

"一把手"是单位领导班子的核心和全局各项工作的第一责任人。我理解，要当好"一把手"，必须准确把握定位，也就是"出主意、把方向、抓重点、带队伍"，在这个前提下，充分调动班子成员和全局干部的积极性，共同做好各项工作。

"出主意"就是要善于思考、精于决策。平时要想大事，超前考虑，遇到大事、急事、难事，沉着冷静应对，出主意、想办法、果断决策，并根据市场和形势的新变化，举一反三，不断创新，促进监管。近年来，针对市场形势渐趋复杂、违法违规日益隐蔽的特点，围绕提高监管有效性的目标，深入思考、总结提炼并探索完善了"关注热点、明确重点、盯住疑点、破解难点、消除盲点"的"五点式"监管方式；按照协作监管、功能监管的思路，建立了监管关联处室之间、日常监督和稽查部门之间的协调到位、联动高效的工作机制；不断创新信息技术手段，开发完善监督信息系统，有效提升现场、非现场检查的效率和效果；注重发挥行业自律组织和市场主体的"自我纠错"内生规范运作机制，加强和完善公司治理和内部合规建设；加强与系统内外各有关单位协作，建立并持续落实多位一体的监管协作机制。

"把方向"就是要政治领先、方向明确。工作中，主动加强政治理论学习，不断强化党员学习教育和基础党组织建设。2006年，我被证监会党委评为全国证券期货监管系统"优秀党务工作者"。我带头遵守党纪国法，始终坚持与党中央国务院、会党委的政策要求保持高度一致，处理好监督与服务、规范与创新的关系。在班子成员分工的工作中，给予方向性的指导；我始终坚持把保护投资者合法权益放在突出重要的位置，时刻牢记并忠实履行辖区监管第一责任人的职责；我始终坚持依法行政理念，通过党委中心组法律专题学习，开展各项法制教育活动，不断提高依法行政的水平和能力。任职期间未发生过针对上海证监局的行政复议或行政诉讼。

　　"抓重点"就是要监管聚焦、突出重点。我始终坚持围绕证监会重点开展工作，合理有效地配置有限的监管资源，以重点带动全面。近年来，我亲自关心、参与，推动了辖区股权分置改革、上市公司清欠、券商综合治理和发展机构投资者等重点工作。工作中还推动形成了多个"牵两手"的有效做法，如在股权分置改革中"一手牵上市公司，一手牵证券、基金经营机构"；在监管工作中"一手牵日常监管部门，一手牵稽查部门"等。创造了多种股改模式和案例，探索了券商风险处置的新模式。2007年，上海证监局被证监会评为"证券公司综合治理工作先进集体"。2008年金融危机爆发后，针对基金公司境外资产管理业务风险凸显的情况，我参与了华安基金涉及雷曼兄弟破产的相关风险处置。2010年，我突出抓好世博维稳、股指期货、融资融券业务平稳推出和安全运行、部分改制上市公司的整体上市、打击内幕交易和"老鼠仓"等重点工作，并在此基础上，不断深化落实辖区监管责任制。2010年，上海证监局获得金融系统"上海市世博金融服务工作优秀集体"称号，相关人员分别荣获世博工作各项表彰。

"带队伍"就是要团结班子、带好队伍。我始终把班子建设和队伍建设作为工作的重中之重，坚持监管工作和队伍建设"两手抓"。在班子建设中，坚持民主集中制，充分发挥班子的集体领导和核心带动作用，落实分工负责制，充分调动班子成员的积极性和主动性，注重提高其工作权威性。在队伍建设中，一方面通过落实先进性教育、学习实践科学发展观、创先争优、党风廉政、建功立业等重大学习教育活动，加强基层党组织建设，不断提高监管干部的政治意识、大局意识、责任意识和宗旨意识，夯实干部队伍的思想基础；另一方面，通过全局大讨论形成共识，推动确立了"创建一流证监局"的共同愿景，并以此为核心，引导证监局全体同志追求卓越，努力创造一流的监管工作业绩。

做好"五个坚持"

一是坚持以德正己。作为主要党员领导干部，首先必须具备较高的政治理论素养、较强的业务管理水平、端正的工作作风和宽广的容人处事胸怀，只有这样，才能有效带班子、建队伍。作为"一把手"，我始终坚持学习。不仅抓紧专业知识更新，而且坚持用科学发展观武装头脑，进一步坚定理想信念，树立大局意识，注重前瞻性和全局性思考。要求自己坚持勤政廉政，以身作则。正人先正己，要求别人做到的，自己先做到；要求别人不做的，自己先不做；对别人提出批评，自己先自省。工作中要讲原则、顾大局，做事出于公心，不能把"权"当作"利"。

二是坚持以责醒己。保护投资者利益和服务经济发展是证券监管工作的目标，也是我们的职责所在。我时刻提醒自己要牢记使命、忠于职守、认真履行职责，并以此作为工作的目标和事业的成就。日常工作中，始终要求自己坚持原则、顶住压力，严肃查处各类违法违规行为，绝不为各种请托说辞、利益诱惑所动。在监管干部面临威胁时，坚决与监管干部站在一起。仅2008年至2010年的三年中，上海证监局共调查各类交办案件、自立案件89件，协查案件105件，非立案稽查案件915件，移送公安机关案件线索395件。我始终要求自己增强大局意识、系统意识和市场意识。上海证监局率先运用了行政与民事、刑事配合，多种手段共同打击上市公司大股东资金占用行为。率先形成打击非法证券活动分类查处工作模式、率先建立"打非"长效机制、率先在"打非"工作中引入刑事追究、率先启动对网络非法证券活动的打击。我们的论文《健全投资者保护的民事侵权司法救济机制研究》被中国证券法学研究会2010年年会评为优秀论文三等奖。通过组织法制宣传和"走近基金""走进期货"等投资者教育活动，不断优化辖区投资者教育环境。在监管的同时，支持市场主体创新发展。推动建立了上海市推进中小企业上市工作联席会议机制；配合上海国际金融中心建设，鼓励有关证券经营机构开展业务创新和"走出去"。仅2008年至2010年的三年中，上海上市公司直接融资2 469亿元，并购重组整体上市取得较大进展，证券经营机构核心竞争力有较大提高，有力支持了上海地方经济发展。

三是坚持以制管事。在工作中通过制度化安排，落实民主集中制，坚持重大事项集中讨论决定，切实发挥党委领导核心作用。通过定期的党委会、局长办公会，积极推进决策的制度化、科学化和民主化。对全员干部采取"360度"绩效考核制度，坚持"公开、平等、竞争、择优"的处级干部竞争上岗制度，选拔任用德才兼备、群众公认、注重实绩的中坚力量。工作中，制定形成了系统的财务和内部管理制度，以严格的制度管理资财人，自己带头执行；制定了加强处室建设的办法，以制度要求更好地发挥处室管理作用；同时通过完善工作制度，优化工作流程，提高监管能力和水平。

四是坚持以业聚才。与市场从业人员高收入相比的差距，对稳定监管干部队伍带来一定影响，如何留住人才，引导树立正确的价值观、人生观，增强干部队伍的凝聚力和战斗力，是"一把手"必须思考的问题。近年来，除不断加强各种形式的思想教育外，我们大力推进了以绩效考核、竞争上岗和分配改革为抓手，以激励约束机制为核心的干部人事制度改革，形成了打破论资排辈、鼓励脱颖而出的人才培育机制，为"想干事、能干事、干得成事"的年轻干部创造了事业发展的环境和空间。

同时，提倡学习，实施了与绩效挂钩的奖励助学计划，通过开展以培养政治、业务复合型的监管人才为目标的"凝聚力工程"和"人才工程"，逐步形成了一支政治坚定、作风过硬、专业性强、整体素质高的干部队伍，广大干部职工的集体荣誉感和归属感也得到了提升。先进性教育活动中，大家群策群力，共同讨论形成了"创建一流证监局"的美好愿景和具体措施。正是紧紧依靠了这支队伍，我们才能履行好艰巨的监管职责。

五是坚持以情暖人。监管干部是我们最宝贵的财富，关心爱护群众和下属，为班子和队伍营造一个和谐向上的氛围和机关文化是我的一贯追求。我坚持民主生活会制度，与班子成员相互谈心批评；坚持"局长谈心日"活动，与干部特别是一些新入局的员工开展"谈心"交流，倾听群众意见，关心群众的思想、工作和生活；在干部交流调动前，主动谈心，征求个人意愿；通过合规的方式，尽力帮助职工争取适当的待遇和评功评奖等精神奖励，帮助解决切身利益问题；要求并带头在干部职工生病住院、生育子女、家庭变故时，通过走访慰问、特困补助、送生日卡、发职工家庭慰问信等形式，让员工感受到来自"大家庭"的温暖；组织心理辅导和培训，帮助疏解工作和生活压力；通过组织各类文体活动，丰富员工文化生活。2009年8月，中国金融工会全国委员会授予我第五届全国金融系统"职工之友"荣誉称号。我深知这是组织的肯定、员工的厚爱，是对我的鞭策和鼓励，我要再接再厉。

惜别证券监管领导岗位

　　至2012年6月，我担任上海证监局党委书记、局长达九年多，已经超过证监会关于局级领导干部在同一岗位上任期不得超过八年的规定。郭树清主席到任后，要求所有领导干部按照规定进行岗位交流。证监会党委决定，将我交流到上交所任所党委副书记、监事会筹备组组长。我又一次服从和欣然接受组织安排的调动。当即将离开工作了近二十年的上海证监局时，思绪万千，在临别的全体干部员工大会上，我动情地说道：

　　"世界上最快乐的事，莫过于为理想而奋斗。我很庆幸，自己能够赶上我国资本市场从最初建立到飞速发展再到实现转折性变化，并一跃成为具有全球影响力的最大新兴市场的大机遇和好时代，并在其中历练成长且整整为之奋斗了27年，这也是我人生中最难忘、最宝贵、最充实、最受益的一段岁月和时光。回望从最初新城饭店7个人的小小办公室到现在150余号人的迎春路证券监管大楼，近二十年，七千多个风风雨雨的日日夜夜，一切都还历历在目，宛如昨天。衷心感谢大家和我一起共同经历和见证上海资本市场的变化和发展，一起感受和分享证券监管事业的成就和每个干部的成长。

"朝受命、夕饮冰，昼无为、夜难寐"。自2003年5月担任上海证监局党委书记、局长以来，我深感责任重大，如履薄冰，如临深渊。多年来，我恪尽职守，履职尽责，认真学习实践科学发展观，坚决贯彻并全力推动落实会党委的各项工作部署和要求，以'保护投资者合法权益'为宗旨，坚持'金融服务实体经济'的本质要求，坚持'监管与服务并举、规范与发展并重'的监管理念，与同志们一起共同为实现'国九条'描绘的资本市场宏伟蓝图而不懈努力。

"难忘在辖区股权分置改革、大股东清欠、证券公司综合治理的攻坚战役中那一场场没有硝烟却又惊心动魄的战斗情景；难忘为提高辖区上市公司质量、发展机构投资者、打击违法违规行为、完善资本市场体制机制，大家共同奉献智慧、挥洒汗水；更难忘在面对国际金融危机的巨大冲击和奥运世博安保维稳的严峻挑战时，大家攻坚克难、勇于担当的斗志和精神。

"让我感到欣慰的是，多年来，上海资本市场始终保持了稳定健康发展的良好态势，为上海乃至全国的经济社会发展和上海国际金融中心建设做出了积极贡献；在有评价以来，上海证监局连续多年在辖区监管责任制各条线的工作评价中获得全A成绩，并获得郭主席的高度评价。让我感到欣喜的是，多年来，上海证监局的历任班子成员和全体干部职工始终保持着勤勉敬业、开拓进取、清正廉洁的作风，朝着'创建一流证监局'的美好愿景不断前行；上海证监局造就了一支'素质高、政治强、业务精、作风正'的优秀干部队伍，成为一个能干事业、能干成事业、能干成大事业的地方。

"我深深地知道，这些成绩的取得，首先应当归功于会党委的正确领导和亲切关怀，它是上海证监局历届领导班子共同努力的结果，是系统各单位、上海市委、市政府及有关方面大力支持的结果，更是全局干部职工团结奋斗、务实进取的结果。而作为'班长'，我只是做了自己应该做的工作。借此机会，我要向长期信任、关心、帮助、激励自己的证监会党委，向与我一起合作共事、积极配合的班子成员，向一直给予我大力支持、充分理解和信任的在座的每一位同志，表示最衷心的感谢！这里的一砖一瓦、一草一木以及与大家共事的点点滴滴都将永远留在我的记忆深处。"

会后，证监会来宣布任免决定的主席助理吴利军对我说，我看到台下许多同志在抹眼泪，看来是有诸多的不舍。

这些话都是我的肺腑之言，就此对上海证监局近二十年的工作画上一个圆满的句号。

附录：珍藏图片资料

1993年底，中国证监会首任主席刘鸿儒考察上海石油化工股份有限公司

1995年6月27日，第二任中国证监会主席周道炯
在上海市证券管理办公室主持召开上市公司座谈会（周道炯：左四；马
忠志：左一；张宁：左五）

1995年，中国东方航空公司上市辅导（王立安：右三；张宁：右四）

1995年11月24日，香港证监会副主席吴伟聪访问上海市证券管理办公室

1996年7月24日，中国大陆首个证券代表团访问台湾（张宁：左一）

1998年12月24日，张宁与青岛海尔股份有限公司董事局主席张瑞敏交谈

1999年1月14日，张宁与美国纳斯达克主席及上海证券交易所总经理
屠光绍合影

1999年，张宁（右二）与第三任中国证监会主席周正庆（左二）合影

2000年9月29日，张宁与美国证券交易委员会人员交流

2002年9月19日，张宁（左三）与上海证券交易所代表团在日本推介
中国证券市场

2003年3月7日，张宁与中国证监会副主
席史美伦合影

2003年，第五任中国证监会主席尚福林（前排中）视察上海市证券管理办公室（吴利军：前排左一；刘新华：前排右一；黄红元：后排左三；张宁：前排右二）

2004年1月13日，上海中外证券期货界迎新活动，上海市委常委、副市长冯国勤（右二），上海证券交易所理事长耿亮（左二）等出席

2005年，中国证监会国际顾问委员会第二次会议
（前排：尚福林：左六；桂敏杰：右五；史美伦：左五
二排：刘新华：左一；吴青：左七；张宁：左四
后排：方星海：左二；朱从玖：左八；姜洋：左十）

2006年5月，与浦东新区政府代表团在伦敦金融城访问
（张学兵：右二；张宁：左二）

2010年，上海市基金同业公会成立大会（屠光绍：左）

2011年7月15日，张宁与英国富豪罗斯柴尔德夫妇合影

2013年，张宁与第六任中国证监会主席郭树清（中）合影

2014年，沪港通《四方协议》签约仪式
（前排：桂敏杰：右三；黄红元：右一
二排：张宁：右八）

2017年4月27日，与李飞合照

2019年，张宁与第四任中国
证监会主席周小川合影

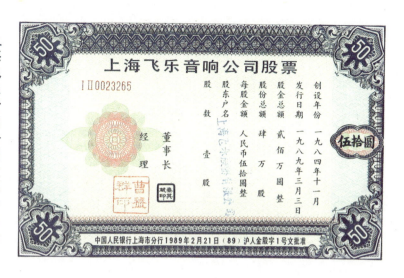

飞乐音响股票

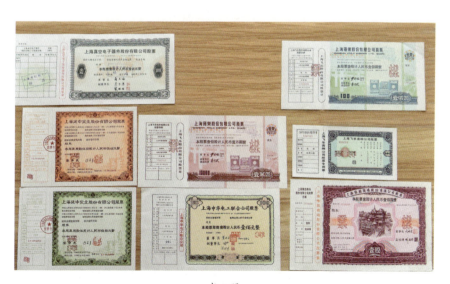

老八股

人民币特种股票

1991年发行的股票

市政建设债券

企业内部债券和国库券

金融债券

企业债券

1992年发行的股票-1

1992年发行的股票-2

短期融资券

氯碱化工美国存托凭证（ADR）

陆家嘴美国存托凭证（ADR）

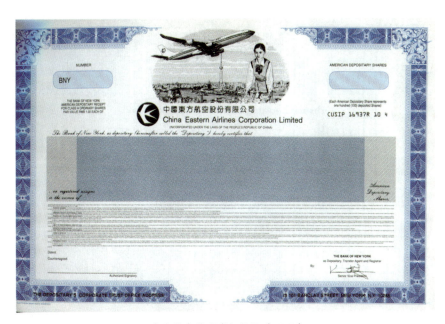

东方航空美国存托凭证（ADR）

外高桥美国存托凭证（ADR）

人民币特种股票发行纪念牌